Heidelore Kluge
Hildegard von Bingen – Gesundheitsfibel

Hildegard von Bingen

Heidelore Kluge

Gesundheits-
fibel

MOEWIG

Hinweis: Die Ratschläge und Empfehlungen dieses Buches wurden von Autor und Verlag nach bestem Wissen und Gewissen erarbeitet und sorgfältig geprüft. Dennoch kann eine Garantie nicht übernommen werden. Eine Haftung des Autors, des Verlags oder seiner Beauftragten für Personen-, Sach- oder Vermögensschäden ist ausgeschlossen. In allen medizinischen Fragen ist der Rat des Arztes maßgebend.

Originalausgabe
© by VPM Verlagsunion Pabel Moewig KG, Rastatt
Alle Rechte vorbehalten
Printed in Germany 1998
ISBN 3-8118-4703-1

Inhalt

Hildegard von Bingen – eine große Naturärztin   7

    Wichtige Anmerkungen zu diesem Buch   10

Die Körpersäfte   12

Die Ausleitungsverfahren   14

    Aderlaß 14 • Schröpfen 15 • Moxibustion 16

Krankheiten und ihre Behandlung   18

    Alkoholismus 18 • Altersbeschwerden 19
    Appetitlosigkeit 20 • Asthma 21 • Atembeschwerden 22
    Augenleiden 23 • Ausschlag 26 • Blasenleiden 27
    Blasensteine 29 • Blutdruckbeschwerden 29 • Bronchitis 31
    Depressionen 31 • Durchblutungsstörungen 35
    Durchfall 36 • Epilepsie 37 • Erbrechen 38 • Erkältung 40
    Fieber 40 • Gallenbeschwerden 42 • Geisteskrankheiten 43
    Gelbsucht 44 • Geschwüre 45 • Gicht 48 • Grippe 52
    Halsschmerzen 52 • Hämorrhoiden 53 • Hautleiden 54
    Heiserkeit 55 • Herzbeschwerden 56 • Husten 59
    Insektenstiche 62 • Kolik 63 • Konzentrationsstörungen 64
    Kopfschmerzen 65 • Krämpfe 70 • Krätze 70
    Kreislaufstörungen 72 • Läuse 73 • Leberbeschwerden 74
    Lungenleiden 77 • Magenbeschwerden 79 • Magerkeit 84
    Mandelentzündung 86 • Migräne 87 • Milzbeschwerden 88
    Müdigkeit 91 • Nasenbluten 92 • Nervosität 93
    Nierenleiden 95 • Ohrenbeschwerden 96 • Rheuma 97
    Rückenschmerzen 99 • Ruhr 101 • Schlafstörungen 102

Schluckauf 104 • Schmerzen 105 • Schnupfen 107
Schüttelfrost 109 • Übergewicht 110 • Verbrennungen 112
Verdauungsstörungen 113 • Verstopfung 115
Wassersucht 117 • Wunden 118 • Wurmerkrankungen 119
Zahnschmerzen 119

Hildegard von Bingen – Kurzbiographie   123

Register   125

Hildegard von Bingen – eine große Naturärztin

Zu Hildegards Zeit war der hohe medizinische Wissensstand der Antike fast vergessen. Die arabische Medizin drang erst langsam nach Mitteleuropa vor. Die Klosterfrau Hildegard von Bingen mußte sich also auf die überlieferten Kenntnisse der Volksmedizin, vor allem aber auf ihre eigenen Beobachtungen stützen. Es ist bewundernswert, wie genau sie manche Krankheiten und auch deren Ursachen beschreibt – schließlich hat sie ja keine medizinische Ausbildung genossen.

Die Klöster waren allerdings nicht nur Heilstätten für die Seele, sondern auch für den Körper. In den meistens angeschlossenen Spitälern wurden neben den im Kloster Lebenden auch Reisende und erkrankte Landbewohner gepflegt. So konnte sich natürlich ein reicher Erfahrungsschatz bilden.

Der wichtigste Ansatz für Hildegard von Bingen ist die Untrennbarkeit von Körper und Seele. Das gilt zum einen für ihre Diagnostik – viele Krankheiten haben seelische Ursachen. Damit nimmt sie Erkenntnisse der modernen Psychosomatik vorweg. Auch die Behandlung darf nicht nur den Körper einbeziehen, wenn es zu einer nachhaltigen Gesundung kommen soll. Neben den spezifischen Heilmitteln, bei denen es sich in den meisten Fällen um Kräuter handelt, einer ausgewogenen Ernährung oder Diät, einer Lebensweise im „rechten Maß" (*discretio*) betont Hildegard immer wieder die Wichtigkeit eines spirituellen Lebens in Gebet und Meditation. Stets aufs neue unterstreicht sie in ihren Rezepten, daß der Mensch bei dieser Behandlung nur gesunden werde, „wenn Gott es will".

Krankheiten sind nicht nur die Folge einer unangemessenen Lebensweise, einer Infektion oder eines Unfalls – sie sind gleichzeitig eine Herausforderung an den Menschen, sein Leben im Zusammenhang mit Gott neu zu überdenken. Auch die moderne Psychosomatik vermutet, daß ein Mensch sich „seine" Krankheiten sucht, um bestimmte seelische Probleme auf körperlicher Ebene äußern und aufarbeiten zu können. Hildegard z. B. bringt immer wieder die Gicht mit dem Jähzorn in Zusammenhang. Viele unserer Redewendungen weisen auf ein solches – offensichtlich sehr altes – Wissen hin. So sagen wir beispielsweise, daß uns „etwas auf den Magen geschlagen", jemandem „eine Laus über die Leber gelaufen" sei oder daß einem auch schon einmal „die Galle überlaufen" kann.

Es ist bezeichnend für Hildegards Weltsicht und ihre Anschauung über die Stellung des Menschen in der Welt, daß sie ihr großes Werk über die Heilkunde *Causae et Curae* (der vollständige Titel lautet „Über die Ursachen, Anzeichen und Behandlungsmöglichkeiten von Krankheiten") mit Texten über die Erschaffung der Welt und des gesamten Kosmos beginnt:

> „Wie die Elemente die Welt zusammenhalten, so sorgen sie auch für den Zusammenhalt des menschlichen Körpers. Sie sind im Menschen enthalten und teilen sich ihre Aufgaben, um ihn zusammenzuhalten. ... Feuer, Luft, Wasser und Erde sind in ihm, aus ihnen besteht er. Denn vom Feuer hat er die Wärme, von der Luft den Atem, vom Wasser das Blut und von der Erde das Fleisch."

Diese Elemente müßten sich in der rechten Harmonie befinden, sonst würde der Mensch krank.

Causae et Curae ist durch spätere Bearbeitung zwar ergänzt, teilweise aber auch verfälscht worden. Dennoch ist es ein wesentlicher Beitrag zur Naturheilkunde und Ganzheitsmedizin, der auch heute noch seine Gültigkeit besitzt und neue Wege aufzeigen kann. Ergänzend dazu ist ihr Buch *Physica* zu betrachten. Darin wird in etwa 500 Kapiteln die Heilkraft einzelner Pflanzen, Tiere und Mineralien beschrieben. Bei manchen der insgesamt neun Bände dieses Buches kann mit ziemlicher Sicherheit angenommen werden, daß sie nicht aus Hildegards Feder stammen – die Forschungen darüber sind noch längst nicht abgeschlossen.

Während die meisten der Pflanzenrezepte auch modernsten Erkenntnissen standhalten, sind sehr viele der aus dem Tierreich stammenden Rezepturen eher im Bereich von Magie und Mythos anzusiedeln. Dazu gehören beispielsweise Hinweise über die Wirksamkeit der Einhornleber (das Einhorn ist ein Fabeltier!). Einige andere Rezepte werden im vorliegenden Buch der Kuriosität halber angeführt. Alle diese Unstimmigkeiten haben aber nicht zu bedeuten, daß Hildegards medizinischen Werke nicht auch heute noch von größtem Wert sind. Man muß sie eben nur *cum grano salis*, also „mit einem Körnchen Salz" des gesunden Zweifels benutzen.

Wichtige Anmerkungen zu diesem Buch

Es versteht sich sicherlich von selbst, daß die vorliegende *Gesundheitsfibel* in den meisten Fällen nicht den Arzt ersetzen kann. Dies sollte vor allem bei schwerwiegenden Erkrankungen und unklaren Symptomen beachtet werden. Andererseits kann – in Absprache mit dem Arzt – eine ärztliche Behandlung durchaus durch Rezepte der Hildegard-Medizin ergänzt werden.

Ein Gebiet der Hildegard-Medizin wurde in diesem Band gänzlich ausgespart – nämlich die Behandlung von Frauenkrankheiten. Diesem Thema ist unter dem Titel *Frauenheilkunde* ein separater Band gewidmet.

Die von Hildegard angegebenen Rezepte im vorliegenden Band entsprechen im wesentlichen ihren eigenen Texten, sind aber für den modernen Gebrauch überarbeitet worden. Da es beispielsweise kaum möglich ist, Schwanenschmalz zu beschaffen, wurde dieser durch Gänsefett ersetzt. Auch ist es heute nicht mehr nötig (und auch selten durchführbar), eine Flüssigkeit durch einen erhitzten Stahl zu erwärmen – unsere modernen Edelstahltöpfe haben die gleiche Wirkung.

Viele der von Hildegard vorgeschlagenen Kräuter können Sie selbst sammeln oder im Garten anbauen. Aber Sie können sie auch in Ihrer Apotheke erhalten, wo der Apotheker sie in der entsprechenden Zusammenstellung für Sie mischt. Manche Kräuter werden allerdings selten verlangt und sind deshalb möglicherweise nicht vorrätig. Ihr Apotheker wird sie aber gerne für Sie bestellen. Alle wissenswerten Einzelheiten über die verwendeten Kräuter finden Sie im Band *Pflanzen- und Kräuterkunde*.

Viele der Hildegard-Rezepte werden mit Wein zubereitet. Da dieser Wein jedoch in den meisten Fällen gekocht wird, verliert er fast seinen gesamten Alkoholgehalt. Das bedeutet, daß er bei entsprechenden Erkrankungen sogar Kindern gegeben werden kann und auch das Reaktionsvermögen eines Erwachsenen (etwa beim Autofahren) nicht beeinträchtigt, wenn man sich an die angegebenen Mengen hält. Aber auch hier sollten Sie Hildegard-Rezepturen nur nach Absprache mit einem Arzt verwenden.

Nicht alle von Hildegard angegebenen Kräuter sind in dem vorliegenden Buch behandelt worden. Die giftigen Pflanzen wurden nicht berücksichtigt, weil ihr Einsatz in die Hand eines erfahrenen Naturarztes gehört. Auch bedenkliche Pflanzen – wie beispielsweise der Rainfarn – wurden ausgelassen. Bei einigen anderen Kräutern – etwa beim Wermut – finden Sie einen warnenden Hinweis. Bitte bedenken Sie, daß Kräuter hochwirksame Arzneimittel sind! Auch natürliche Produkte können zu Nebenwirkungen (z.B. Allergien) führen. Heilende Tees können in ihrer Wirkung umschlagen, wenn man sie zu lange nimmt – deshalb nach spätestens vier Wochen einen anderen Tee verwenden.

Wenn Sie diese Hinweise beachten, wird Ihnen die in diesem Band vorgestellte Hildegard-Medizin nicht nur nützlich sein, sondern zudem das gute Gefühl geben, daß Sie selbst vieles für Ihre Gesundheit und Ihr Wohlbefinden tun können, wenn Sie immer wieder auf die in der Natur waltenden Kräfte zurückgreifen.

Die Körpersäfte

DIE HILDEGARD-MEDIZIN beruht zu einem wesentlichen Teil auf der Säftelehre. Immer wieder bezieht sich Hildegard von Bingen in ihrer Diagnostik und bei ihren Rezepturen auf diese Theorie. Die Lehre von den Körpersäften – auch Humoralpathologie genannt – entstand bereits in der Antike. Sie besagt, daß durch das Gleichgewicht der Körpersäfte Gesundheit, durch ihr Ungleichgewicht jedoch Krankheit entsteht. Es werden nach dem römischen Arzt Galen, der im 2. nachchristlichen Jahrhundert lebte, analog zu den vier Elementen auch vier Körpersäfte unterschieden.

So schreibt Hildegard von Bingen:

> „Es gibt vier Säfte. Die zwei wichtigsten nennt man Phlegma, die beiden anderen werden als Schleim bezeichnet. ... Die stärkeren Säfte übertreffen in ihrem Überfluß die schwächeren, die schwächeren wiederum wirken aufgrund ihrer Schwäche mäßigend auf den Überfluß der anderen ein. In einem solchen Fall befindet sich der Mensch in Harmonie." (*Causae et Curae*)

Sowie aber einer der als „Schleim" bezeichneten Säfte überhandnähme, „können die anderen Säfte nicht friedlich bleiben". Daraus könnten Krankheiten seelischer und körperlicher Natur entstehen.

Was genau Hildegard von Bingen unter den Begriffen „Schleim" und „Phlegma" verstanden hat, ist noch nicht durch ausreichende Forschungen gesichert. Im Griechischen bedeutet *phlegma* soviel wie „zähflüssiger Körperschleim". In *Causae et Curae* vertritt Hildegard von Bingen die Meinung, daß diese Schleime überhaupt erst durch den Sündenfall des Menschen entstanden seien:

> „Wäre nämlich der Mensch im Paradies geblieben, würde
> er die Phlegmen, von denen viele Leiden kommen, nicht in
> seinem Körper haben, sondern sein Fleisch wäre gesund
> und ohne Schleim."

Damit unterstreicht sie die Bedeutung, die auch die Harmonie
mit Gott und den göttlichen Gesetzen für die körperliche, geistige und seelische Gesundheit des Menschen haben kann.

> „Wäre Adam im Paradies geblieben, würde er die vorzüg-
> lichste Gesundheit haben. ... Aber nun trägt der Mensch im
> Gegenteil das Gift, das Phlegma und die verschiedensten
> Krankheiten in sich."

Hildegard von Bingen unterscheidet zwischen trockenen,
feuchten, schaumigen und lauwarmen Körpersäften. Je nach
dem Überwiegen eines dieser Phlegmen oder Schleime können
unterschiedliche Krankheiten entstehen. Dazu gibt sie eine
Auflistung an, die interessanterweise im wesentlichen seelische Erkrankungen behandelt.

Noch sind Hildegards Angaben zur Säftelehre nicht ausreichend erforscht, um sie in eine moderne Naturmedizin einbeziehen zu können. Fest steht allerdings, daß die Humoralpathologie bis ins 19. Jahrhundert hinein eine wesentliche Grundla-
ge der Medizin war. Sicherlich werden sich in diesem Bereich
in Zukunft wichtige und bereichernde Möglichkeiten ergeben.

Die Ausleitungsverfahren

MIT DIESEM Begriff bezeichnet man in der Naturmedizin medizinische Eingriffe, die zur „Entgiftung" des Körpers führen sollen. Vor allem soll dadurch eine Befreiung von schädlichen Säften erzielt werden, damit das Körpersäftesystem wieder ins Gleichgewicht kommt.

In der Hildegard-Medizin versteht man darunter Aderlaß, Schröpfen, Moxibustion.

Alle drei Verfahren wurden jahrhundertelang praktiziert. Das Schröpfen wird ebenso wie die Moxibustion heute von zahlreichen Naturärzten wiederentdeckt. Beide Verfahren verursachen durch eine Reizung des Körpers von außen – also über die Haut – heilsame Reaktionen der tieferliegenden Organe. Zu allen drei Techniken hat sich Hildegard von Bingen in *Causae et Curae* ausführlich geäußert.

Aderlaß

Der Aderlaß war einer der wichtigsten Eingriffe der Mediziner der Antike und des Mittelalters. Aber auch später wurde dieses Verfahren noch angewandt – wobei nicht selten eine zu große Blutmenge von der Ader gelassen wurde, wie wir nicht nur aus medizinischen, sondern aus literarischen Quellen entnehmen können. Heute wird der Aderlaß nur noch selten vorgenommen

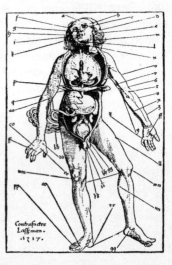

– etwa bei akuten Herzbelastungen, wie sie beispielsweise bei Lungenstauung entstehen. Auch bei Durchblutungsstörungen und akuten Entzündungen und Infekten verwenden manche Ärzte und Heilpraktiker heute noch den Aderlaß. Dabei werden im allgemeinen 250 bis 500 Milliliter Blut entnommen.

Hildegard schreibt über den Aderlaß:

> „Wenn ein Einschnitt in die Ader eines Menschen vorgenommen wird, wird sein Blut gewissermaßen plötzlich erschreckt. Was dann zuerst ausfließt, ist Blut, und gleichzeitig fließen auch Fäulnis- und Verdauungsstoffe mit heraus."
> (*Causae et Curae*)

In ihren weiteren Ausführungen macht Hildegard genaue Angaben über Alter und Befindlichkeit des Patienten, der zur Ader gelassen werden darf. Auch auf die Adern, die geöffnet werden sollen, um eine bestimmte Krankheit zu heilen, geht sie ein. Außerdem schreibt sie sehr ausführlich über die Behandlung nach einem solchen Eingriff, z. B. über die einzuhaltende Diät.
Ein Aderlaß sollte nur von einem sehr erfahrenen Arzt gemacht werden.

Schröpfen

Hierbei handelt es sich ebenfalls um eine jahrtausendealte ärztliche Praktik. Über erkrankten Organen wird mit sog. Schröpfköpfen (Glas- oder Gummiglocken mit abstufbarem Unterdruck) das Blut in die Haut angesaugt (unblutiges Schröpfen). Mitunter werden auch feine Hautschnitte zur Ableitung des Blutes – ähnlich einem Aderlaß – angelegt (blutiges Schröpfen).

Schröpfen wird heute vor allem bei Durchblutungsstörungen, Muskelverspannungen und rheumatischen Schmerzen angewandt. Auch dieses Verfahren sollte nur von einem erfahrenen

Arzt oder Heilpraktiker durchgeführt werden. Auf keinen Fall
sollte bei Nierenschwäche geschröpft werden.

Hildegard von Bingen schreibt dem Schröpfen eine positive
Wirkung auf die Harmonisierung der Körpersäfte zu.
„Das Schröpfen ist jederzeit gut und nützlich, denn es vermindert die schädlichen Säfte und Schleime, die sich im
Menschen befinden. Diese befinden sich größtenteils zwischen Haut und Fleisch und sind dem Menschen besonders
nachteilig." (*Causae et Curae*)

Moxibustion

Bei diesem Verfahren, das durch einen äußeren Reiz die gesunden Funktionen innerer Organe aktivieren soll, werden kleine
Brennkegel auf die Haut gesetzt und angezündet. Dadurch entsteht eine Brandwunde, also gewissermaßen ein künstlich er-
zeugtes Geschwür, durch das schädliche Säfte aus dem Organismus ausgeleitet werden sollen.

Nicht nur Hildegard von Bingen empfiehlt dieses Verfahren –
es wird in China seit Jahrtausenden als eine Sonderform der
Akupunktur praktiziert. Anwendungsgebiete sind vor allem Erschöpfungszustände, Depressionen und chronische Erkrankungen der Atemwege.
Dort verwendet man vorwiegend aus Beifuß hergestellte
Brennkegel. Hildegard beschreibt dieses Verfahren ebenfalls
sehr ausführlich und empfiehlt als Brennkegel das Innere des
Pfaffenhütchens oder einfach ein Stückchen Leinwand. Vom
Brennen mit Eisen oder Schwefel rät sie dringend ab. Die von
ihr empfohlenen Mittel dagegen „haben milderes Feuer als die
anderen Brennstoffe und durchlöchern das Fleisch nicht. Denn
wo nur die Haut verletzt wird, treten auch nur Säfte aus und
nicht die Gesundheit des Menschen". (*Causae et Curae*)

Wie bei den anderen Ausleitungsverfahren auch sollte für das Setzen von Brennkegeln oder für eine Moxibustion ein erfahrener Heilpraktiker aufgesucht werden. Auf keinen Fall sollte dieses Verfahren bei Fieber, akuten Infektionen und Entzündungen, Bluthochdruck und während der Menstruation angewendet werden.

Krankheiten und ihre Behandlung

Alkoholismus

Das gelegentliche Glas Wein oder Bier, das ja nicht nur von Hildegard von Bingen, sondern auch von Ärzten und Ernährungswissenschaftlern als gesundheitsfördernd beschrieben wird, muß noch nicht zur Alkoholabhängigkeit führen. Erst wenn das Trinken zur Sucht wird, der Betroffene also nicht mehr ohne alkoholische Getränke auskommen kann, handelt es sich um Alkoholismus. Leider wird immer noch zuwenig beachtet, daß dies eine schwerwiegende und ernstzunehmende Krankheit ist, die unbedingt ärztlich behandelt werden muß. Die körperlichen, seelischen und auch sozialen Schäden sind sonst unabsehbar.

Hildegard von Bingen beschreibt die Folgen von Trunkenheit: Der Verstand des Menschen werde verwirrt, und er wisse nicht mehr, was er sagt oder tut.

"So treten vergleichsweise Flüsse infolge übermäßiger Regenfälle über die Ufer und verursachen eine plötzliche Überschwemmung." (*Causae et Curae*)

Um einen Betrunkenen wieder zu sich zu bringen und die Folgen der Trunkenheit (den "Kater") abzuschwächen, empfiehlt sie folgende Rezepte:
- Heckenrosen in kaltes Wasser legen und mit diesem Wasser Stirn, Schläfe und Kehle befeuchten.
  Ihre Erklärung für die Wirksamkeit dieses Verfahrens: Die Kälte der Heckenrose und die des Wassers verbänden sich und schwächten die heftige Hitze ab, die sich in den Gefäßen der Stirn und der Schläfen befände.
- Mit frischen Weinblättern Stirn, Schläfen und Kehle abkühlen.

Hildegards Erklärung für die Wirksamkeit dieses Verfahrens, das vor allem im Herbst angewendet werden sollte: Zu dieser Jahreszeit habe die Weinrebe ihre größte Kraft und daher eine beruhigende Wirkung auf die durch den genossenen Alkohol hervorgerufene Disharmonie in den Körpersäften.

- Fenchel oder Fenchelsamen essen oder auch Fencheltee trinken.

Hildegards Erklärung für die Wirksamkeit: Die milde Wärme des Fenchels könne die gesundheitsschädigende Wirkung des genossenen Alkohols unterdrücken.

Als wirksamen Edelstein empfiehlt Hildegard den Diamanten. Näheres hierzu finden Sie im Band *Edelsteintherapie*.

Altersbeschwerden

Zu den Altersbeschwerden gehört neben körperlichen Gebrechen auch das Nachlassen geistiger Fähigkeiten. So kommt es beispielsweise zur sogenannten Altersvergeßlichkeit. Dazu muß allerdings angemerkt werden, daß Vergeßlichkeit nicht unbedingt eine Frage des Alters ist, sondern auch streßbedingte Ursachen haben kann.

Brennessel-Einreibung

Zutaten:
2 Handvoll frisch gepflückte Brennesseln
50 g Olivenöl

Zubereitung und Anwendung:
Die Brennesseln in den Entsafter geben.
Dann den Saft mit dem Olivenöl mischen und alles in eine dunkle Flasche abfüllen.
Wahlweise können Sie auch fertigen Brennesselsaft aus dem Reformhaus verwenden oder die Brennesseln zerkleinert eine Woche lang in Olivenöl ziehen lassen und dann abseihen.

Das Öl wird abends zunächst auf dem Brustbein, dann auf den Schläfen verrieben. Dies muß über mehrere Monate wiederholt werden, dann wird – so Hildegard – „die Vergeßlichkeit vermindert werden". (*Causae et Curae*)

Was Sie sonst noch tun können:
- Eine fettarme, vitaminreiche Ernährung verhindert nicht nur die übermäßige Belastung des Körpers, sondern auch des Gehirns.
- Aktive, an ihrer Umwelt interessierte Menschen bleiben länger jung als solche, die sich innerlich und äußerlich zurückgezogen haben.
- Ein Hobby, eine Liebhaberei, aber auch das Erlernen einer neuen Fertigkeit (etwa einer Sprache oder eines Instruments) halten Geist und Körper fit.
- Denksport ist eine gute und unterhaltsame Art, das Gehirn zu trainieren – z. B. durch das Lösen von Rätseln, Scrabble, Schach.

Appetitlosigkeit

Siehe auch unter *Magerkeit*.
Appetitlosigkeit tritt bei verschiedenen Erkrankungen auf – vor allem, wenn diese von hohem Fieber begleitet sind. Aber auch Streß und Nervosität können die Ursache sein. Nur in den seltensten Fällen sind Magenerkrankungen der Grund für Appetitlosigkeit. Wird diese chronisch, sollte unbedingt ein Arzt aufgesucht werden.

Hildegards Kräuteressig

„Wenn jemand Widerwillen gegen das Essen hat, nehme er Salbei, etwas Kerbel und etwas Knoblauch, zerkleinere diese Gewürze und lege sie in Essig." (*Physica*)
Mit diesem Essig sollen möglichst viele Speisen gewürzt werden – etwa Salate –, um so den Appetit wieder anzuregen.

Was Sie sonst noch tun können:
- Viel mit frischen Kräutern würzen! Der Geruch allein wirkt oft schon appetitanregend.
- Das Essen jedesmal liebevoll anrichten – das Auge ißt mit.
- Die Speisen auf einen möglichst großen Teller geben – so sehen sie „nach weniger" aus.
- Oft verhilft auch eine Heilfastenkur wieder zu einem gesunden Appetit. Näheres dazu finden Sie im Band *Heilendes Fasten*.

Asthma

Siehe auch unter *Atembeschwerden, Lungenleiden*.
Die unter diesem Begriff oft auftretenden Atemnotanfälle können Symptome verschiedener Krankheiten sein. Es kann sich allerdings auch um Bronchialasthma handeln. Dieses wird durch eine Überempfindlichkeit der Bronchien verursacht, z. B. aufgrund von schweren Erkältungskrankheiten, Schadstoffbelastung der Atemluft usw., kann aber auch als Folge allergischer Reaktionen auftreten. Um die Ursachen und damit den richtigen Behandlungsweg abzuklären, sollte unbedingt ein Facharzt aufgesucht werden.
Hildegard von Bingen führt diese Erkrankung auf üble Säfte zurück, die in der Luftröhre des Menschen steckenblieben und ihm das Ausatmen erschwerten. Dadurch verseuchten sie die Lunge mit Krankheitsstoffen.

Hirschzungen-Behandlung

Gegen Schmerzen in der Brust empfiehlt Hildegard von Bingen die Hirschzunge. Die Blätter werden in der Sonne getrocknet und pulverisiert. Da die Hirschzunge unter Naturschutz steht, sollte man das fertige Pulver über den Fachhandel beziehen. Hildegard schlägt vor, es vor und nach dem Essen einfach von der Hand zu lecken. Man kann es auch auf ein Stückchen trockenes Brot streuen und dieses langsam kauen.

Im Fachhandel ist sogar ein fertiges Hirschzungen-Elixier erhältlich.

Was Sie sonst noch tun können:
- Bei durch Allergien verursachtem Asthma die Ursachen herausfinden und möglichst ausschalten. Das bedeutet etwa die Verwendung von Schaumstoffmatratzen und Seidenbetten.
- Bei Pollenallergien hilft oft eine sog. Desensibilisierungstherapie. Fragen Sie Ihren Arzt!
- Stellen Sie das Rauchen ein, es belastet die Atemwege zusätzlich.
- Versuchen Sie, Ihren Körper durch Wechselduschen, Schwimmen und leichte Gymnastik abzuhärten.
- Streß und Hektik führen zu vermehrten und schwereren Asthmaanfällen. Praktizieren Sie deshalb Entspannungstechniken wie etwa Yoga, Meditation oder autogenes Training.

Atembeschwerden

Siehe auch unter *Asthma, Lungenleiden.*
Atembeschwerden können verschiedene Ursachen haben – psychische Probleme, Sauerstoffmangel, Erkältungskrankheiten, es können aber auch tieferliegende Erkrankungen zugrunde liegen. Deshalb sollte man bei anhaltenden Symptomen unbedingt den Arzt konsultieren.

Zimtbrot

Hildegard empfiehlt als schnelle Hilfe bei Atemnot, ein Stückchen mit Zimt bestreutes Brot zu essen oder dieses Gewürz einfach aus der Hand zu lecken. Möglicherweise sind es vor allem die im Zimt enthaltenen ätherischen Öle, die seine Wirkung begründen.

Was Sie sonst noch tun können:
- Lernen Sie bewußt, tief und langsam zu atmen.
- Frische Luft – besonders Wald- oder Seeluft – kann manche Atembeschwerden schnell und nachhaltig kurieren.

Augenleiden

Zu den wichtigsten Augenleiden gehören Fehlsichtigkeiten – also Kurz- und Weitsichtigkeit. Aber auch Starerkrankungen treten mit der höheren Lebenserwartung der Menschen unserer Zeit immer häufiger auf. Viele Augenleiden entstehen heute durch Erfordernisse, die der Beruf mit sich bringt (stundenlanges Sitzen vor dem Computer etwa) oder durch ein verändertes Freizeitverhalten (Fernsehen, Videospiele). Darüber hinaus können Sehstörungen durch psychische Belastungen hervorgerufen werden. Wichtig ist es, bei auftretenden Problemen frühzeitig den Augenarzt aufzusuchen.

Gegen *Fehlsichtigkeit*, die altersbedingt ist oder durch eine Krankheit hervorgerufen wurde, empfiehlt Hildegard von Bingen, sich lebendiges Grün anzuschauen, das ja die von ihr so geschätzte *viriditas*, die Grünkraft, enthält:

> „Der Kranke soll auf eine grüne Wiese gehen und sie so lange anschauen, bis seine Augen wie von Tränen feucht werden. Denn die grüne Farbe des Grases beseitigt die Trübung seiner Augen und macht sie wieder klar." (*Causae et Curae*)

Außerdem empfiehlt sie *Augenbäder.* Hierfür gibt es in der Apotheke kleine „Augenbadewannen", die man mit klarem Wasser oder einem Tee (etwa Augentrost, Kamille oder Fenchel) füllen kann.

Auch Augenkompressen mit frischem klarem Wasser sollen gegen Augenschwäche helfen. Dadurch wird ihrer Meinung nach das Auge wieder zum Sehen angeregt, weil die ausgetrockneten Augenhäutchen durch die Kühle und Feuchtigkeit des Wassers verdünnt würden.

Durch Überanstrengung, Schlaflosigkeit oder andere Gründe kommt es mitunter zu *tränenden Augen*. Hier empfiehlt Hildegard von Bingen das Auflegen von Feigenblättern. Diese sollten dann, wenn die Sonne sie mitsamt dem auf ihnen liegenden Nachttau bereits etwas erwärmt hat, auf die Augen gelegt werden. Dies solle man alle drei Tage machen. Wenn Sie keine Feigenblätter zur Hand haben, können Sie auch Erlenblätter verwenden. Beide Blattarten können die Feuchtigkleit an sich ziehen und so das Augentränen lindern. Wichtig ist immer, daß sie vorher von Nachttau benetzt und dann von der Sonne gewärmt wurden.

Bei *ermüdeten Augen* – etwa durch zu langes Lesen, Arbeiten oder Fernsehen – kann das folgende Öl hilfreich sein.

Hildegards Veilchenöl

Zutaten:
1 Handvoll frisch gepflückte Veilchenblüten
1/4 l Olivenöl

Zubereitung und Anwendung:
Die Veilchen mit dem Öl übergießen und in einem gut verschlossenen Glasgefäß eine Woche lang an der Sonne (Fensterbank) oder an einem warmen Platz stehenlassen.
Dann abseihen (z. B. durch Kaffeefilterpapier) und das Öl in ein Fläschchen füllen.
Mit diesem Öl jeden Abend die Lider und die Haut um die Augen herum leicht massieren.

Hildegard unterscheidet bei der Behandlung von Augenleiden auch nach der Augenfarbe:

- Graue Augen sprechen bei Augenleiden am besten auf mit Tau gemischten Fenchel an, den man mit etwas Weizenmehl verknetet und über Nacht als Kompresse über die Augen legt. Hildegards Erklärung dafür:

  „Die milde Wärme des Fenchels, richtig gemischt mit dem Tau, und die Stärke des Weizens wird die Beschwerden beseitigen. Die grauen Augen stammen vom Element der Luft, deshalb wird dem Heilmittel Tau zugesetzt." (*Physica*)

- Bei schwarzen Augen empfiehlt Hildegard Kompressen, die aus dem Saft der Weinraute, flüssigem Honig, etwas Wein und Weizenmehl hergestellt werden. Die schwarze Augenfarbe stammt ihrer Meinung nach von der Erde her, deshalb „nützt ihnen die Wärme von der Raute, vom Honig und vom Wein, der seinen Saft aus der Erde gezogen hat, wenn ein Stück Brot hineingelegt wird, das ja auch seine Kräfte aus der Erde erhält". (*Physica*)

Als weitere Heilmaßnahme gegen Augenleiden und Kurzsichtigkeit empfiehlt Hildegard von Bingen das Schröpfen, vor allem im Ohren- und Nackenbereich. Näheres dazu finden Sie unter „Die Ausleitungsverfahren" (s. Seite 14). Das gleiche gilt für die Behandlung mit Brennkegeln.

In ihrer *Physica* gibt Hildegard außerdem den Rat, Reiheraugen zu trocknen und dann zu pulverisieren. In Wein aufgelöst, sollen sie ein gutes Heilmittel gegen Augenleiden sein. Da die Herstellung dieser Rezeptur sicherlich nicht sehr angenehm ist, sollte das Mittel besser nicht ausprobiert werden. Das gleiche gilt für eine Mischung aus Nachtigallen-Galle und Tautropfen.

Als wirksame Edelsteine gegen Augenleiden empfiehlt Hildegard von Bingen Hyazinth, Onyx, Saphir, Topas und Bergkristall. Nähere Angaben hierzu finden Sie im Band *Edelsteintherapie*.

Was Sie sonst noch tun können:
- Ernährungswissenschaftler empfehlen für ein besseres Sehvermögen eine Vitamin-A-reiche Kost. Auch das Provitamin A (Karotin) ist in diesem Zusammenhang wichtig.
- Vermeiden Sie eine Überanstrengung der Augen – vor allem dann, wenn Sie viel lesen, schreiben oder am Computer arbeiten. Zwischendurch immer mal wieder eine kleine Augengymnastik machen: Augen zukneifen und wieder aufreißen, ganz nach links und rechts, nach oben und unten schauen.
- In vielen Fällen empfiehlt sich auch der Kornblumentee, den man im Volksmund nicht ohne Grund als „Brillenzerstörer" bezeichnet.

Ausschlag

Siehe auch unter *Krätze*.

Unter diesem weit gefaßten Begriff versteht man Verfärbungen und sonstige Veränderungen der Haut, die meist plötzlich auftreten und – je nach Ursache – mit oder ohne Beschwerden (Jucken, Brennen, Nässen) verlaufen. Meistens kommen sie in größerer Anzahl und über größere Flächen verteilt vor. Sie können die äußere Haut, aber auch die Schleimhäute betreffen. Häufig treten sie in Zusammenhang mit Infektionskrankheiten auf – wie etwa Masern, Röteln, Scharlach, Windpocken usw. Aber auch allergische Reaktionen können die Ursache sein.

Da die Ausschläge lediglich Symptom einer Erkrankung sind, muß zunächst die Krankheitsursache abgeklärt werden, um eine erfolgreiche Behandlung zu gewährleisten.

Hildegard von Bingen führt Ausschläge auf schädliche Säfte im menschlichen Körper, also auch auf eine „Primärerkrankung" zurück. Sie rät, mit der Behandlung des Ausschlags einige Zeit zu warten, damit er reif werde und ausfließen könne. Wenn sich die Haut zwischen den Wundstellen rötet und auszutrocknen beginnt, soll sofort eine geeignete Heilsalbe verwendet werden:

„Wer Ausschlag an seinem Körper hat, der mäste einen Schwan. Wenn er ihn getötet hat, nehme er das Schmalz und zerlasse es in einer Schüssel und gebe Beifuß und Eichenasche im gleichen Gewicht bei, so daß zweimal soviel Fett sei. Dies koche er gleichzeitig in der Schüssel und mache eine Salbe davon. Zunächst wird seine Haut an den Stellen, wo er sich salbt, voller Pusteln, aber dann wird er rasch geheilt werden." (*Physica*)

Da Schwanenschmalz wohl kaum erhältlich ist, läßt sich diese Salbe auch mit anderem Geflügelfett (Huhn, Ente oder Gans) herstellen.

Was Sie sonst noch tun können:
- Zur inneren Heilung ist eine vitamin- und ballaststoffreiche Ernährung wichtig. Verzichten Sie möglichst auf Süßigkeiten, fettreiche Speisen und Alkohol. Dinkelprodukte, wie sie im *Dinkelkochbuch* empfohlen werden, können sehr heilsam wirken.
- Als sehr wirksam hat sich auch Brennesseltee erwiesen – vor allem bei allergisch bedingten Ausschlägen. Trinken Sie einige Wochen lang mindestens 1 Liter pro Tag.
- Bei Ausschlägen, die durch Infektionskrankheiten hervorgerufen wurden, empfehlen sich Kleiebäder, die es in der Apotheke fertig zu kaufen gibt.

Blasenleiden

Blasenentzündungen, Geschwülste, Inkontinenz sind nur einige der Probleme, die die empfindliche Harnblase betreffen können. Oft sind Virusinfektionen schuld, aber auch Ernährungsprobleme und vor allem Unterkühlung (durch mangelhafte Bekleidung) können Auslöser mancher schmerzlichen und lästigen Beschwerden sein. Bei schmerzhaften und länger anhaltenden Beschwerden sollte unbedingt der Arzt aufgesucht werden.

Hildegards Begründung für das lästige Harntröpfeln (Inkontinenz) entspricht den modernen Erkenntnissen (obwohl sicherlich oft andere Gründe mitspielen mögen):

„Ein Mensch, der den Harn nicht halten kann, hat einen kalten Magen und eine kalte Blase. Daher kann die Flüssigkeit darin nicht vollständig erwärmt werden, sondern fließt schon vorher wie lauwarmes Wasser ab. ... So ist es auch bei kleinen Kindern, die den Harn nicht halten können, weil weder ihr Magen noch ihre Blase die ausreichende Wärme besitzen, sondern kalt sind." (*Causae et Curae*)

Hildegard von Bingen empfiehlt dazu folgende Heilmittel:
- Leicht erwärmten Wein trinken, weil die natürliche Wärme des Weins, die durch das Erhitzen noch gesteigert werde, Magen und Blase erwärme und den Harn bis zur „richtigen" Verdauung zurückhalte.
- Möglichst viele Speisen mit Essig würzen.
- Salbeitee trinken.

Was Sie sonst noch tun können:
- Achten Sie darauf, daß der Unterleib nicht unterkühlt wird. Dies geschieht vor allem im Sommer häufig – durch zu leichte Bekleidung, die nach dem Schwitzen zu Unterkühlung führt, oder dadurch, daß nasse Badesachen nicht gewechselt werden.
- Bei Blasenentzündungen kann Bärentraubenblättertee die Schmerzen lindern.
- Bei Inkontinenz empfiehlt sich eine Beckenbodengymnastik. Dazu wird die Beckenbodenmuskulatur mehrmals hintereinander kräftig angespannt. Diese Übung so oft wie möglich wiederholen.

- Gegen nächtlichen Harndrang helfen Kürbiskerne, auch in Form von flüssigen Extrakten.

Blasensteine

Blasensteine können als Nierensteine aus dem Nierenbecken in die Blase geraten oder sich dort auch selbst bilden. Meistens entstehen sie bei älteren Männern infolge von Harnabflußstörungen, die durch Prostataleiden verursacht sind. Begünstigt wird die Bildung von Blasenleiden durch chronische Entzündungen der Blase sowie durch Fehlernährung.
Bei häufigem Harndrang und Schmerzen beim Wasserlassen sowie bei Blut im Urin liegt der Verdacht auf Blasensteine nahe und sollte sofort durch einen Facharzt abgeklärt werden.

Hildegard von Bingen bestätigt, daß diese Erkrankung vorwiegend Menschen in reiferem Alter betrifft und besonders bei üppiger Ernährung und Genuß von starken Weinen auftritt. Sie merkt an, daß Männer durch Blasensteine stärkere Schmerzen haben als Frauen.

Leider gibt uns Hildegard kein Rezept an, mit dem man eine ärztliche Behandlung unterstützen könnte. Empfehlenswert ist in jedem Fall reichliches Trinken, damit die Blase gut durchspült wird. Besonders geeignet ist Bärentraubenblättertee.

Blutdruckbeschwerden

Siehe auch unter *Durchblutungsstörungen, Herzbeschwerden.*
Bei Blutdruckbeschwerden handelt es sich meistens um Bluthochdruck. Ein zu niedriger Blutdruck ist im Gegensatz dazu keine Krankheit, sondern lediglich eine – wenn auch unangenehme – Befindlichkeitsstörung. Ein erhöhter Blutdruck muß unbedingt ärztlich behandelt werden, denn er kann zu Herzinfarkt oder Schlaganfall führen. Symptome sind u.a. Schwindelgefühle, Schlafstörungen, Herzklopfen und Reizbarkeit.

Muskatnußsuppe

Hildegard empfiehlt gegen Bluthochdruck und Durchblutungsstörungen im Kopfbereich eine Muskatsuppe, die möglichst oft
gegessen werden sollte.

Zutaten:
1/4 Muskatnuß
10 g Galgantpulver
10 g Iriswurzelpulver
10 g Spitzwegerichpulver
etwas Kräutersalz nach Geschmack
1 EL Öl
1 kleine Zwiebel
3 EL Dinkelgrieß
1 l Hühner- oder Gemüsebrühe

Zubereitung und Anwendung:
Die Zwiebel abziehen und fein hacken. In dem Öl goldgelb an-
dünsten.
Grieß darunterrühren und mit der heißen Brühe aufgießen.
Die Gewürze dazugeben (Muskatnuß vorher reiben), gut un-
terrühren.
Das Ganze aufkochen, dann auf der ausgeschalteten Herdplatte
etwa 20 Minuten lang ausquellen lassen.
Hildegard von Bingen empfiehlt diese Suppe 1- bis 2mal täg-
lich.

Was Sie sonst noch tun können:
- Bei hohem Blutdruck empfiehlt es sich, in den Speisezettel
  reichlich Haferflocken und grüne Bohnen aufzunehmen.
- „Nicht aufregen" heißt die von Ärzten immer wieder propa-
  gierte Devise – was natürlich leichter gesagt als getan ist.
  Deshalb können hier vor allem Entspannungstechniken –
  z. B. Yoga, Meditation oder autogenes Training – helfen.

Bronchitis

Siehe auch unter *Asthma, Erkältung, Husten, Lungenleiden*.
Hierbei handelt es sich um eine Entzündung der Bronchien, die besonders häufig im Herbst und im Frühjahr auftritt. Verursacht wird sie meistens durch Virusinfektionen, die durch Unterkühlungen und Wetterumschwünge und die Beeinträchtigung der Schleimhäute infolge trockener Heizungsluft begünstigt werden. Symptome sind Husten, Schnupfen und manchmal Fieber. Die Bronchitis kann allerdings auch als Begleiterscheinung von Grippe, Masern oder Keuchhusten auftreten.

Gegen Bronchitis helfen nach Hildegard vor allem Hirschzunge und Heckenrose. Die entsprechenden Rezepte finden Sie unter *Lungenleiden*.

Was Sie sonst noch tun können:
- Inhalationen mit Kamillentee sind ein sehr hilfreiches Mittel, das den Schleim löst.
- Sehr empfehlenswert sind auch heiße Fußbäder. Danach die Füße gut abtrocknen und warme Socken anziehen.
- Heiße Getränke – Zitronensaft, Kräutertee – wirken ebenfalls lindernd.

Depressionen

Medizinisch werden Depressionen (oder die „Melancholie", wie man früher sagte) als Zustände von Traurigkeit, Hoffnungslosigkeit und Erregung oder Passivität definiert. Diese können Tage bis Wochen anhalten. Meistens sind Depressionen seelisch bedingt – etwa durch Probleme in der Familie oder im Beruf. Mitunter können Depressionen aber auch körperliche Ursachen haben, etwa Störungen oder Schwankungen im Hormonhaushalt.

Hildegard von Bingen schreibt, daß die Melancholie durch die Schwarzgalle verursacht würde und durch den Ungehorsam des Menschen gegen Gott – symbolisiert durch das Essen des verbotenen Paradiesapfels – entstanden sei. Menschen, die unter Depressionen leiden, sind weder mit der Welt noch mit sich selbst im Einklang. Als einen Weg, um die innere Harmonie wiederzufinden, empfiehlt die moderne Psychotherapie in solchen Fällen verschiedene Entspannungstechniken, etwa Meditation, autogenes Training oder Yoga.

Hildegard von Bingen empfiehlt bei Anfällen von Melancholie (übrigens auch bei Zorn), etwas Wein zu erwärmen und diesen mit kaltem Wasser zu mischen. Dadurch wird ihrer Meinung nach die Schwarzgalle, die diese Stimmung verursacht hat, unterdrückt. Sehr bewährt haben sich auch „Hildegards Nervenkekse", die aus Muskat, Zimt und Gewürznelken hergestellt werden. Das Rezept finden Sie unter *Nervosität*. Auch das Kauen frischer Weinrautenblätter nach den Mahlzeiten soll hilfreich sein.

Veilchenwein
Dieser Wein macht nach Hildegards Angaben den Menschen wieder froh.
Zutaten:
15 g Veilchenblüten
5 g Galgant
10 g Süßholz
1 l Landwein

Zubereitung und Anwendung:
Die Veilchen in dem Wein etwa 5 Minuten kochen, dann Galgant und Süßholz dazugeben und alles noch einmal aufkochen lassen. Abseihen und in eine Flasche abfüllen.
Von diesem Wein morgens und abends, bei Bedarf auch tagsüber ein Likörglas trinken.

Flohsamenwein

In ihrer *Physica* empfiehlt Hildegard den folgenden Wein gegen Depressionen, denn „den bedrückten Geist eines Menschen macht er durch seine Mischung froh".
Zutaten:
2 TL Flohsamen
1/4 l Landwein

Zubereitung und Anwendung:
Den Flohsamen in dem Wein einige Minuten leicht köcheln lassen, dann abseihen und den Wein noch warm trinken.

Aronstabwein

Rezept unter *Magenbeschwerden,* siehe Seite 81 f.
„Ein Mensch, in dem die Melancholie wächst, hat ein finsteres Gemüt und ist immer traurig. Dieser sollte den Wein von der gekochten Aronstabwurzel trinken, und die Melancholie in ihm wird vermindert werden." (*Physica*)

Auch die von ihr so geliebte Edelkastanie empfiehlt Hildegard gegen Depressionen:
„Wer unter Herzschmerz leidet und traurig ist, esse oft die rohen Kerne. Dies gießt seinem Herzen einen Saft ein wie eine heilsame Salbe, und er wird an Stärke zunehmen und seine Fröhlichkeit wiederfinden." (*Physica*)

Ebenso ist es mit dem Fenchel, der nach Hildegards Worten „wie immer er auch gegessen wird, den Menschen fröhlich macht". (*Physica*)
Fenchelgerichte und Fencheltee sollten deshalb so oft wie möglich auf dem Küchenzettel stehen. Näheres dazu finden Sie in den Bänden *Ernährungslehre* und *Küche aus der Natur.*
Den Fenchel empfiehlt sie nicht nur zur innerlichen, sondern auch zur äußerlichen Anwendung:

„Ein Mensch, der unter Melancholie leidet, sollte Fenchel zu Saft zerstoßen und damit oft Stirn, Schläfen, Brust und Magen einreiben. So wird die Melancholie weichen." (*Physica*)

Am besten gibt man dazu die frischen Fenchelknollen in den Entsafter.

Auch der Dinkel gilt als Stimmungsaufheller. Deshalb sollte dieses Getreide unbedingt in den Küchenzettel integriert werden. Näheres dazu im *Dinkelkochbuch*.

Hildegard empfiehlt, den Speisen möglichst häufig „Königskerzen-Würze" hinzuzufügen. Näheres dazu unter *Herzbeschwerden*. Auch Kubebenpfeffer „macht den Geist fröhlich". Deshalb sollte man täglich einige der Pfefferfrüchte kauen.

Schlüsselblumen-Therapie

Eine ganz besondere Therapie verbindet Hildegard von Bingen in ihrer *Physica* mit der Schlüsselblume. Da diese Pflanze ihre Kräfte hauptsächlich von der Sonne erhält, ist sie imstande, durch ebendiese „Sonnenkraft" der Melancholie im Menschen entgegenzuwirken. Deshalb empfiehlt Hildegard, einen Strauß Schlüsselblumen direkt auf das Herz zu legen, damit die Pflanzen dieses erwärmen und aufheitern können.

Als zusätzliche Maßnahme rät Hildegard von Bingen bei Menschen, die „ein trauriges Gemüt und ein bedrücktes Herz" haben, zum Aderlaß. Dazu Näheres unter „Die Ausleitungsverfahren" (s. Seite 14).

Als wirksamen Edelstein bei Depressionen empfiehlt Hildegard von Bingen den Onyx. Näheres finden Sie im Band *Edelsteintherapie*.

Was Sie sonst noch tun können:
- Als natürlicher Stimmungsaufheller hat sich auch Johanniskrauttee bewährt.
- Weitere hilfreiche Teekräuter sind Baldrian, Angelika, Basilikum, Bohnenkraut und Wegwarte.
- Auch die Aromatherapie bietet bei der Behandlung viele Möglichkeiten. Geben Sie Rosen- oder Lavendelöl in Ihr Badewasser, oder lassen Sie diese Öle in einer Aromalampe verdunsten. Besonders geeignet bei depressiven Verstimmungen sind vor allem Grapefruitöl und australisches Teebaumöl.

Durchblutungsstörungen

Durchblutungsstörungen im Kopfbereich – die sogenannte Hirnleere – können durch geistige Überanstrengung verursacht werden. Dies führt zu Konzentrationsschwäche und häufig zu Kopfschmerzen. Diese Beschwerden können aber auch auf eine schwerwiegendere Erkrankung hinweisen. Deshalb sollte bei länger anhaltenden Symptomen unbedingt der Arzt konsultiert werden.

Gekochte Kastanien

Zutaten:
250 g geschälte Edelkastanien
Wasser

Zubereitung und Anwendung:
Die Kastanien weich kochen und jeweils vor und nach den Mahlzeiten ein bis zwei der gekochten Kastanien essen.
Hildegard sagt zu dieser Behandlung:
„Das Gehirn wächst, die Nerven werden stark und der Kopfschmerz weicht." (*Physica*)

Als weitere Heilmaßnahme empfiehlt Hildegard den Genuß von süßen Mandeln.

Durchblutungsstörungen treten nicht nur im Kopfbereich auf. Die Füße können z. B. betroffen sein, was zum chronischen „Kaltfuß" führt. Hier empfiehlt Hildegard von Bingen in ihrer *Physica* Schuhe aus Dachsleder, denn „der Dachs ist seiner Natur nach warm". Auch ein Dachsfell, das man sich über die Füße legt, hat dieselbe heilsame Wirkung, durch die sogar die Durchblutungsstörungen bei „Raucherbeinen" gemildert werden können.

Was Sie sonst noch tun können:
- Um die Durchblutung zu fördern, empfehlen sich Trockenbürsten, Wechselduschen und gymnastische Übungen.
- Sie sollten auf das Rauchen verzichten.

Durchfall

Siehe auch unter *Verdauungsstörungen*.
Durchfälle sind meistens harmlos, wenn auch lästig. Im Sommer treten sie häufiger auf als im Winter. Das hat verschiedene Gründe: Urlaub in fremden Ländern mit ungewohnter Kost, stärkere Temperaturgefälle zwischen mittäglicher Hitze und Kühle nach Sonnenuntergang, „Kälteschock" durch Eisgetränke, leichter verderbliche Speisen, mit Bakterien und Viren infizierte Lebensmittel aufgrund mangelnder Hygiene. Sehr oft sind Durchfälle von Erbrechen begleitet. Bei länger anhalten-

dem oder häufig auftretendem Durchfall sollten Sie die Ursache durch den Arzt abklären lassen!

Krankheitserregende, ungesunde Speisen und Krankheiten können die Körpersäfte in Unordnung bringen, so daß die unverdauten Speisen und Getränke ausgestoßen werden. Dies ist nach Hildegards Meinung der Gesundheit des Menschen nur zuträglich. Wenn es sich allerdings um gesunde Lebensmittel handelt, die durch Durchfall den Körper verlassen, wird der Mensch dadurch geschwächt.

Was Sie dagegen tun können:
- Durchfälle führen zu einem erhöhten Salzverlust. Trinken Sie deshalb reichlich Kamillentee, dem etwas Salz hinzugefügt ist.
- Täglich ein Becher Bio-Joghurt, unter den Sie Leinsamenschrot gerührt haben, beruhigt den Darm.
- Ein Brei aus 1/2 Banane und 1/2 geriebenem Apfel hat eine ähnliche Wirkung.

Epilepsie

Die Epilepsie, früher auch als „Fallsucht" bezeichnet, ist eine plötzlich eintretende Funktionsstörung des Gehirns, die meist mit Bewußtseinsstörungen einhergeht und von Krämpfen begleitet ist. Epilepsie sollte unbedingt fachärztlich behandelt werden.

Manche Formen der Epilepsie führt Hildegard von Bingen auf den Jähzorn zurück. Andere Formen werden ihrer Meinung nach dadurch hervorgerufen, daß bei leichtsinnigen und unzuverlässigen Menschen sich die Seele resignierend zurückzieht und den Körper sich selbst überläßt, so daß dieser zur Erde fällt und wie tot daliegt.

Die vorgeschlagenen Behandlungsformen gehören entsprechend dem Wissensstand des Mittelalters denn auch eher in den Bereich von Mythos und Magie. So empfiehlt Hildegard z. B. getrocknetes Maulwurfsblut und pulverisierte Entenschnäbel.

Allerdings gibt sie recht detaillierte Ernährungsvorschriften für Epileptiker:
- Meiden sollten sie Schweinefleisch und Fische, die keine Schuppen haben, wie etwa Aal. Auch Käse, Eier, rohes Gemüse und Obst sowie alles Gebratene würden die Krankheit eher verschlimmern.
- Erlaubt ist dagegen Brot, Rind- und Schaffleisch, das in Petersilie und Sellerie gekocht ist. Als Getränke sind Bier und ein leichter, mit Wasser gemischter Wein erlaubt.

Als wirksame Edelsteine gegen Epilepsie empfiehlt Hildegard von Bingen Smaragd, Chrysopras und Achat. Nähere Angaben finden Sie in *Edelsteintherapie.*

Erbrechen

Viele Krankheiten sind mit Erbrechen verbunden, weshalb bei sehr heftigen und anhaltenden oder sich häufig wiederholenden Brechanfällen unbedingt mit dem Arzt die Ursache abgeklärt werden muß. Manchmal sind aber auch Aufregungen und Ängste der Grund. Ebenso können zuviel Sonne, große Anstrengungen geistiger oder körperlicher Art und zuviel oder unzuträgliches Essen Erbrechen auslösen.

Hildegard von Bingen führt das Erbrechen nicht nur auf unzuträgliches Essen zurück, sondern auch auf eine falsche Reihenfolge. So warnt sie davor, zu kalte und bald darauf warme Speisen zu sich zu nehmen. Alles Essen sollte immer gut temperiert sein, damit es gut verdaulich ist.

In jedem Fall rät sie davon ab, ein Brechmittel einzunehmen oder sich auf andere Art selbst zum Erbrechen zu bringen. Dies nütze der Gesundheit nicht – wie das ja beim natürlichen Erbrechen der Fall ist, wenn unzuträgliche Speisen vom Magen ausgestoßen werden –, sondern schade ihr eher, weil es nicht heilsam und gesund sei.

Kümmelküchlein

Zutaten:
3 Teile Kümmel
1 Teil Pfeffer
etwas Bibernelle
Weizenmehl
1 Eigelb
etwas Wasser

Zubereitung und Anwendung:
Die Gewürze pulverisieren und unter das Mehl geben.
Mit dem Eigelb und dem Wasser zu einem Teig verkneten und daraus kleine Plätzchen formen. Diese im Backofen ausbacken.
Bei auftretendem Brechreiz ein solches Küchlein langsam essen oder die pulverisierten Gewürze auf ein Stückchen trockenes Weizenbrot streuen.
Hildegards Erklärung für die Wirksamkeit dieses Rezeptes: Die Kälte des Kümmels, der Bibernelle und des Eigelbs zusammen mit der Wärme des Pfeffers und des Weizens harmonisierten die Säfte und verhinderten das Erbrechen.

Was Sie sonst noch tun können:
- Kümmeltee ist ein wirksames Hausmittel gegen Erbrechen, das man auch Kindern geben kann.
- Cuprum-metallicum-Salbe (in der Apotheke erhältlich) auf die Magengegend auftragen.

Erkältung

Siehe unter *Husten*, *Schnupfen*, *Halsschmerzen*, evtl. auch *Atembeschwerden*, *Asthma* und *Lungenleiden*.

Fieber

Das Fieber selbst ist keine Krankheit, sondern im Gegenteil: eine Maßnahme des Körpers, sich gegen eine Krankheit zur Wehr zu setzen. Fieber tritt nicht nur als Reaktion auf Infektionskrankheiten oder als Folge einer Entzündung auf, sondern (allerdings sehr viel seltener) bei Allergien, seelischen Störungen, Blut- und Nervenerkrankungen, Blutergüssen, Überfunktion der Schilddrüse usw.

Am häufigsten aber stellt sich Fieber bei Infektionen und Entzündungen ein. Gerade hier ist es bereits ein Teil des Heilungsvorgangs. Fieber signalisiert immer einen Ausnahmezustand des Körpers: Das körpereigene Immunsystem ist aktiviert. Dadurch wird es den krank machenden Mikroorganismen erschwert, zu überleben oder sich gar zu vermehren. Meistens verlaufen Infektionskrankheiten wesentlich unkomplizierter, wenn sie von Fieber begleitet sind. Dies ist gerade bei Kindern der Fall, die während der sog. Kinderkrankheiten (Masern, Scharlach usw.) sehr hohe Temperaturen haben.

Hildegard von Bingen weiß die Heilkräfte des Fiebers zu schätzen. Sie schreibt, daß dieses dem Menschen nicht schade, sondern ihm vielmehr Gesundheit bringe, weil so alle inneren Organe durch den Schweiß gereinigt würden. Nur darf das Fieber nicht zu stark werden. Bei zu hohem und zu lang andauerndem Fieber kann es zu bedrohlichen Situationen kommen:

„Die Wärme, die in der Leber und in den anderen inneren Organen lebensnotwendig ist, steigt zur äußeren Hautschicht auf, und die innere Kälte bleibt im Menschen. Dann liegt die Seele bedrückt im Körper und wartet voller Zweifel ab, ob sie den Körper verlassen oder in ihm bleiben soll. ... Wenn sie aber merkt, daß der Ansturm dieser Säfte durch die Gnade Gottes allmählich etwas nachläßt, dann gelangt sie zu der Einsicht, daß sie sich von diesen Säften frei machen kann. Sie sammelt ihre Kräfte und treibt die schädlichen Säfte durch den Schweiß aus dem Körper heraus." (*Causae et Curae*)

Galgant-Wasser

Etwas Galgantpulver in Mineralwasser auflösen und während des Fiebers trinken.

Meisterwurzwein

Gegen Fieber jeder Art und jeden Ursprungs empfiehlt Hildegard von Bingen in ihrer *Physica* einen aus Meisterwurz hergestellten Wein, der allerdings allabendlich neu angesetzt werden muß.
Zutaten:
1 EL zerkleinerte Meisterwurz
1/2 Glas Landwein
Zubereitung und Anwendung:
Am Abend die Wurzeln mit dem Wein übergießen und über Nacht ziehen lassen.
Abseihen und den Meisterwurzwein-Ansatz mit 1/2 Glas Wein auffüllen.

"Man trinke diesen Wein nüchtern und wiederhole dies drei oder fünf Tage, und so wird man geheilt werden." (*Physica*)

In ihrer *Physica* schreibt Hildegard von Bingen, daß Flohsamenwein starkes Fieber senken könne (Rezept unter *Depressionen*, s. Seite 33).

Als wirksame Edelsteine gegen Fieber empfiehlt Hildegard von Bingen Hyazinth, Onyx, Sarder, Topas, Chrysolith, Prasem und Rubin. Als Metall ist Kupfer zur Behandlung geeignet. Näheres hierzu finden Sie in *Edelsteintherapie*.

Gallenbeschwerden

In der Gallenblase wird die von der Leber produzierte Gallenflüssigkeit (volkstümlich auch einfach Galle genannt) gespeichert. Sie ist für die Verdauung sehr wichtig. Störungen können zu schmerzhaften Erkrankungen führen – etwa durch Gallensteine oder durch Entzündungen. Symptome – die häufig nach fettreichen Mahlzeiten auftreten – sind ausstrahlende, mitunter kolikartige Schmerzen im rechten Oberbauch, Übelkeit, Erbrechen, auch leichte Gelbsucht. Bei Beschwerden dieser Art sollte unbedingt der Arzt aufgesucht werden.

Hildegard von Bingen, die Krankheiten stets im spirituellen Zusammenhang sieht, gibt in *Causae et Curae* eine sehr einleuchtende Erklärung (die übrigens weitgehend auch modernsten Erkenntnissen der Erforschung psychosomatischer Krankheiten entspricht) für Gallenerkrankungen: Bevor Adam die göttlichen Gebote übertrat, war das Organ, das heute die menschliche Galle darstellt, wie ein Kristall „und hatte den Geschmack der guten Werke in sich". Selbst die Schwarzgalle leuchtete damals noch beim Menschen „wie die Morgenröte". Erst als Adam die göttlichen Gebote übertrat, erloschen diese leuchtenden Organe, „die Galle wurde bitter, die Schwarzgalle wurde schwarz wie die Gottlosigkeit – und er wurde völlig umgewandelt. Daher wurde seine Seele traurig und suchte bald eine Entschuldigung dafür; denn aus der Traurigkeit entsteht der Zorn."
Hildegard hat also vor fast tausend Jahren schon etwas erkannt, was die moderne Psychologie erst heute „entdeckt" zu haben glaubt.

Der Jähzorn ist es in ihren Augen vor allem, der Gallenbeschwerden verursacht. In der Tat sind Gallenleidende oft jähzornige Menschen.

> „Wer im Gesicht rot wird, wenn er zornig ist, dessen Blut kocht durch die Wirkung der Galle und strömt so ins Gesicht." (*Causae et Curae*)

Um ein Gallenleiden wirksam zu bekämpfen, ist also neben der körperlichen auch eine seelische Behandlung nötig – etwa durch Meditation oder eine Psychotherapie.

Was Sie sonst noch tun können:
- Wichtig ist eine gallenschonende Diät, die möglichst wenig tierische Fette und andere belastende Nahrungsmittel enthält. Lassen Sie sich von Ihrem Arzt einen entsprechenden Diätplan geben.
- Bei Gallensteinen hilft oft eine Olivenöl-Kur. Dafür nimmt man bis zum Abgang der Steine täglich morgens und abends 1 EL reines Olivenöl. Besprechen Sie diese Kur vorher mit Ihrem Arzt!

Geisteskrankheiten

Umgangssprachlich werden alle geistig-seelischen Störungen als Geisteskrankheiten bezeichnet. Dabei kann es sich um Depressionen handeln, aber auch um Schizophrenie, Psychosen und andere Erkrankungen. Alle diese Störungen sollten unbedingt fachärztlich behandelt werden. Nur in Übereinstimmung mit dem Arzt sollten Hildegards Rezepte als ergänzende Maßnahmen angewendet werden.

Hildegard von Bingen sieht als Ursache seelischer Erkrankungen ein Ungleichgewicht der Körpersäfte an, die sich gegenseitig bekämpfen und den Menschen bis zur Tobsucht treiben können. Viele Erkrankungen seelischer Art führt sie auch auf das Einwirken von Dämonen zurück.

Gelbsucht

Durch einen abnorm gesteigerten Übertritt von Galle in das Blut infolge einer Störung der Gallenabsonderung kommt es zu einer gallig-gelben Verfärbung des Körpers. Die Gelbsucht ist also keine Krankheit an sich, sondern ein Symptom verschiedener anderer Erkrankungen, denen eine Störung der Gallenausscheidung zugrunde liegt.

Dies hat auch Hildegard von Bingen bereits gewußt, denn sie beschreibt die Gelbsucht folgendermaßen:
„Sie entsteht durch ein Überlaufen der Galle infolge kranker Säfte, Fieberanfälle oder heftiger zahlreicher Zornesausbrüche. Diesen Überschuß von der Galle nehmen die Leber und die übrigen inneren Organe auf. Er durchdringt auch den ganzen übrigen Körper, so wie ein scharfer Essig ein neues Gefäß durchdringt, und schadet dem Menschen. Man erkennt die Gelbsucht an der unnatürlichen Hautfarbe des Menschen." (*Causae et Curae*)

Eisenkraut-Wein

Zutaten:
1 Teil Eisenkraut
2 Teile Knoblauchzehen
3 Teile Pfennigkraut
1/2 l Landwein

Zubereitung und Anwendung:
Die Kräuter mit dem Wein übergießen und in einem bauchigen, gut verschlossenen Gefäß aufbewahren.
Von diesem Wein 9 Tage lang auf nüchternen Magen ein Likörglas trinken, außerdem jeweils einen kleinen Schluck nach dem Frühstück. Abends soll noch einmal ein Gläschen von dem Wein erwärmt getrunken werden. Darauf zu Bett gehen und warm zudecken, damit es zu guter Schweißbildung kommt.

Außerdem empfiehlt Hildegard eine Suppe, die aus dem erwärmten Wein und einem darin verschlagenen Ei zubereitet wird.

Ihre Erklärung für die Wirksamkeit dieser Kur: Eisenkraut, Knoblauch und Pfennigkraut seien ihrer Natur nach warm und enthielten scharfe Säfte, die durch die Wärme des Weines gemäßigt würden. Sie seien stärker als die Bitterkeit der Galle und Schwarzgalle und schwächten deshalb die Krankheit ab.

Weiterhin rät Hildegard dazu, häufig gedünstete Brunnenkresse zu essen.

Ob das folgende Rezept ausprobiert werden sollte, ist sicher nicht nur eine Frage des Tierschutzes. Der Kuriosität halber aber sei es hier mitgeteilt:

> „Wenn ein Mensch die Gelbsucht hat, dann durchstich eine Fledermaus so, daß sie nicht gleich stirbt, und binde sie auf seine Nieren, den Rücken der Fledermaus auf den Rücken des Menschen. Nach kurzer Zeit nimm sie wieder dort weg und binde sie auf seinen Magen. Lasse sie dort, bis sie stirbt." (*Physica*)

Als wirksame Edelsteine gegen die Gelbsucht empfiehlt Hildegard von Bingen Sarder und Diamant. Nähere Angaben finden Sie in *Edelsteintherapie*.

Geschwüre

Hautentzündungen wie Furunkel und Karbunkel werden volkstümlich als Geschwüre bezeichnet. Sie befinden sich meistens auf der Hautoberfläche, können aber bei längerem Bestehen auch bis in die Lederhaut oder tiefer reichen. Mitunter sind die Schleimhäute betroffen.

Hildegard rät, die Geschwüre reif werden zu lassen, damit sie ausfließen können. Danach sollten die Wundstellen mit einer Heilsalbe behandelt werden.

Manchmal sind Geschwüre vor dem Aufbrechen sehr schmerzhaft. In diesem Fall rät Hildegard dazu, etwas reines Bienenwachs aufzulösen und ein sauberes Leinentuch damit zu tränken, dieses außerdem mit etwas Olivenöl zu bestreichen und auf das Geschwür zu legen. So würden die schädlichen Säfte herausgezogen und das Geschwür breche leichter auf.

Eisenkrautkompresse

In ihrer *Physica* empfiehlt Hildegard das Auflegen von Eisenkrautkompressen. Dazu wird eine Handvoll Eisenkraut 5 Minuten lang in etwas Wasser gekocht, leicht ausgedrückt und in ein Leinentuch gelegt. Diese Kompresse wird erneuert, sobald sie getrocknet ist.

Veilchensalbe

Zutaten:
3 TL Veilchenöl
1 TL Olivenöl
3 TL Hammelfett

Zubereitung und Anwendung:
Den Hammeltalg sanft schmelzen, dann die Öle darunterrühren und alles zu einer Salbe erstarren lassen.
Die Geschwüre sachte damit bestreichen.
Übrigens soll diese Salbe, wenn man sie auf die Stirn gibt, auch gegen Kopfschmerzen helfen.

Schöllkrautsalbe

Diese Salbe hilft nach den Angaben, die Hildegard in ihrer *Physica* macht, vor allem bei Geschwüren und Ausschlägen, die durch „unreine oder eklige Speisen" hervorgerufen wurden. Dabei kann es sich aber auch um Allergien gegen bestimmte Lebensmittel handeln.

Zutaten:

einige Handvoll frisches Schöllkraut
50 g altes Fett (am besten ungesalzenes Schweineschmalz)

Zubereitung und Anwendung:

Das Kraut in den Entsafter geben, den Saft auffangen und gut mit dem leicht erhitzten Fett zu einer Salbe vermischen.
Diese in einen Cremetopf abfüllen.

Bohnenmehlauflage

Ebenfalls in ihrer *Physica* gibt Hildegard das folgende Rezept gegen Geschwüre an.

Zutaten:

50 g zu Mehl zermahlene weiße Bohnen
5 g Fenchelpulver
50 g Weizenmehl
etwas Wasser

Zubereitung und Anwendung:

Aus den Zutaten einen Teig formen, diesen dünn ausrollen und in Stücke schneiden.
An der Sonne oder im Backofen trocknen lassen.
Die Auflage mit einer Binde über dem Geschwür befestigen.
Täglich mehrmals erneuern.

Als wirksamen Edelstein gegen Geschwüre empfiehlt Hildegard von Bingen den Smaragd. Nähere Angaben dazu finden Sie im Band *Edelsteintherapie*.

Was Sie sonst noch tun können:
- Bei durch Nahrungsmittel verursachten Geschwüren empfiehlt sich eine Nahrungsumstellung. Wichtig ist der Verzicht

auf fette Speisen und – für eine Zeitlang zumindest – auf Fleisch. Nähere Angaben zu einer gesunden Ernährung finden Sie in den Bänden *Dinkelkochbuch*, *Küche aus der Natur* und *Ernährungslehre*.
- Hartnäckige Geschwüre kann man auch mit schwarzer Zugsalbe (in der Apotheke erhältlich) behandeln.

Gicht

Siehe auch unter *Rheuma*

Diese Erkrankung (früher „Podagra" oder auch „Zipperlein" genannt) entsteht durch eine Stoffwechselstörung, bei der harnsaure Salze in den Gelenken und Organen abgelagert werden. Dadurch kommt es zum Anschwellen der Gelenke sowie zu heftigen Schmerzen, vor allem in den Fingern oder im großen Zeh. Die Schmerzen kommen in Schüben, meistens in der Nacht.

Sehr häufig sind diese Beschwerden durch zuviel Alkohol oder durch falsche Ernährungsgewohnheiten (vor allem durch ein Übermaß an tierischem Eiweiß) hervorgerufen. Bei Gichtbeschwerden sollten unbedingt die Hinweise in den Bänden *Ernährungslehre* und *Küche aus der Natur* beachtet werden. Eine Ernährungsumstellung kann oft mehr bewirken als alle Medikamente.

Hildegard von Bingen weist darauf hin, daß die Gicht durch ein Ungleichgewicht der Körperflüssigkeiten entsteht (das eben durch eine falsche Ernährung verursacht wird) und schildert die Folgen recht drastisch:

„Diese Säfte stiften in ihrer Uneinstimmigkeit Verwirrung und beugen dadurch den Nacken des Menschen, krümmen seinen Rücken und machen ihn ganz steif, bis er von diesem Leiden erlöst wird. Er kann aber auch noch lange auf diese Art leben." (*Causae et Curae*)

Um der Gicht vorzubeugen oder sie zu heilen, empfiehlt sie eine Ernährungsumstellung, wie das unsere heutige Medizin tut. Schon wenn man auf zwei „falsche", also zu fette Gerichte ein drittes, „gesundes" ißt, kann dem Patienten geholfen werden. Aber auch übermäßigen Weingenuß macht sie für diese Krankheit verantwortlich. Hildegard stellt fest, daß wesentlich mehr Männer als Frauen von der Gicht betroffen sind. Ihre Begründung: Die schädlichen Säfte, die diese Erkrankung verursachen, werden durch die Menstruation ausgeschwemmt.

Bei Gichtanfällen, die zu Lähmungen führen, sollen die Kranken nüchtern etwas Wein oder Bier trinken. Eine andere Möglichkeit ist, etwas Brot in Wasser zu kochen, dieses abzuseihen und das Wasser zu trinken. Wenn man dies jeden Tag tut, können – nach Hildegards Angaben – die heftigen Gichtanfälle unter Kontrolle gebracht werden.

In ihrer *Physica* rät sie Gichtkranken zum Verzehr von Kranichfleisch, weil dieses gerade bei dieser Erkrankung besonders heilsam sein soll. Allerdings stehen Kraniche heute unter Naturschutz und sind außerdem wohl nicht besonders wohlschmeckend. Auch eine Salbe, die Hildegard als besonders kostbar empfiehlt, wird sich im Haushalt aus Mangel an Zutaten nicht herstellen lassen – sie besteht nämlich im wesentlichen aus gekochtem Geierfleisch.

Hildegard empfiehlt bei Gichtschmerzen das Ansetzen von Schröpfköpfen an den Beinen. Näheres dazu unter „Die Ausleitungsverfahren" (s. Seite 15).
Außerdem rät sie zu einem Würzmittel, das ebenfalls hilfreich wirken soll.

Hildegards Gichtpulver
Dies ist nach Hildegards Angaben das beste Pulver gegen Gicht und Rheuma.

Zutaten:
60 g Selleriesamen
20 g Weinraute
15 g Muskatnuß
10 g Gewürznelken
5 g Steinbrech

Zubereitung und Anwendung:
Alle Zutaten im Mörser pulverisieren und gut miteinander vermischen.
Nach jeder Mahlzeit etwas davon auf einem Stückchen Brot essen.

Hildegards Wermutsalbe

Zutaten:
Wermutsaft oder im Mörser zerstoßene Wermutblätter
Schweineschmalz

Zubereitung und Anwendung:
Den Saft oder die zerstoßenen Blätter mit dem handwarmen Schweineschmalz gut verkneten.
In ein Steinguttöpfchen oder ein Glasgefäß abfüllen und die schmerzenden Stellen regelmäßig damit einreiben.

Kastanienaufguß

Zutaten:
2 Handvoll Blätter und Schalen der Edelkastanie
2 l Wasser

Zubereitung und Anwendung:
Die zerkleinerten Blätter und Schalen in Wasser aufkochen und eine Viertelstunde lang sachte köcheln lassen.
Dann abseihen und als Saunaaufguß oder Badezusatz verwenden.

In ihrer *Physica* empfiehlt Hildegard auch, keine Hühnerfedern für die Betten zu verwenden, weil diese die Gicht verstärkten oder sogar erregen könnten. Deshalb sollte man besser auf Schafwollkissen schlafen.

Im selben Buch erwähnt sie die Heilsamkeit des Ulmenholzes. Wenn sich jemand mit Gichtbeschwerden vor ein solches Feuer setze, würden seine Schmerzen schon bald weichen. Wer einen offenen Kamin hat, sollte deshalb auch einen Vorrat an Ulmenholz haben.

Bachbungen-Spinat

Nach Hildegards Angaben in ihrer *Physica* unterdrückt die Bachbunge die Gicht. Sie rät deshalb, diese so oft wie möglich – z. B. als Spinat – zu essen.

Gewürznelken

Gerade im Anfangsstadium der Gicht können Gewürznelken durch ihre schmerzlindernden und desinfizierenden Eigenschaften sehr hilfreich sein, besonders wenn die Füße betroffen sind. Dazu schreibt Hildegard von Bingen:

> „Wer die Fußgicht ... hat, esse oft Nelken. Denn die Kraft der Nelke geht in das Mark des Menschen über und verhindert, daß die Fußgicht schlimmer wird."

Anwendung:
Geben Sie während einiger Wochen möglichst in jede Speise Gewürznelken oder das entsprechende Pulver.
Oder legen Sie jeden Abend 5 Gewürznelken in kaltes Wasser, und trinken Sie das Wasser am nächsten Morgen.

Als weitere Heilmaßnahme gegen die Gicht empfiehlt Hildegard von Bingen das Schröpfen. Die Schröpfköpfe sollen vor allem an den Beinen angesetzt werden. Näheres dazu finden Sie unter „Die Ausleitungsverfahren" (s. Seite 15).

Als wirksame Edelsteine gegen die Gicht empfiehlt Hildegard von Bingen Saphir, Jaspis, Chrysopras, Rubin und Diamant. Als heilsames Metall rät sie zum Kupferwein. Näheres finden Sie in *Edelsteintherapie*.

Grippe

Siehe auch unter *Atembeschwerden, Halsschmerzen, Heiserkeit, Husten, Schnupfen, Fieber, Bronchitis, Schüttelfrost.*
Dabei handelt es sich um eine fieberhafte Infektionskrankheit, die meistens im Winter und oft auch als Epidemie auftritt. Grippe wird durch Tröpfcheninfektion (Niesen, Anhusten usw.) übertragen. Symptome sind Schüttelfrost, hohes Fieber, Kopf-, Augen-, Brust-, Kreuz- und Gliederschmerzen. Bei schwerem Verlauf kann es zu Herz- und Nierenschädigungen kommen.
Häufiger tritt der grippale Infekt auf, der zwar dieselben Symptome, aber meistens in leichterer Form aufweist.

Was Sie tun können:
- Wichtig ist vor allem eine Abhärtung des Körpers: Trockenbürsten, Wechselduschen und viel Bewegung an der frischen Luft.
- Eine gute Ergänzung zur Hildegard-Medizin sind Produkte, die aus der Echinacea-Pflanze gewonnen werden. Diese konnte Hildegard noch nicht kennen, weil sie in Amerika beheimatet ist. Fragen Sie in Ihrer Apotheke danach!

Halsschmerzen

Siehe auch unter *Erkältung, Heiserkeit, Husten.*
Halsschmerzen können aus vielen Gründen auftreten – etwa infolge von Überbeanspruchung (z. B. bei Rednern, Schauspielern, Sängern usw.), durch Kälteeinwirkung oder als Begleiterscheinung von Erkältungen oder grippalen Infekten, manchmal auch bei Infektionskrankheiten wie Scharlach, Masern usw.

Andornwein

Zutaten:
2 EL geschnittenes Andornkraut
1/4 l Wasser
1/4 l weißer Landwein
etwas Butter oder Sahne

Zubereitung und Anwendung:
Das Andornkraut mit Wasser aufkochen lassen und abseihen.
Weißwein und Butter oder Sahne hinzufügen und nochmals
kurz aufkochen lassen.
In eine Flasche abfüllen und täglich 2- bis 3mal ein Likörglas
des angewärmten Weines trinken.

Was Sie sonst noch tun können:
- Als Vorbeugung hilft bei feuchtem, kaltem oder windigem
  Wetter oft, daß man den Hals durch ein Tuch oder einen
  Schal schützt. Das muß gar kein dicker Wollschal sein (dieser
  wäre gerade im Sommer nicht gerade angenehm zu tragen) –
  meistens reicht schon ein dünnes Seidentuch aus, das die
  Kehle bedeckt.
- Immer wieder einen Löffel Honig essen – das besänftigt die
  Stimmbänder und lindert auch das Halsweh.
- Bei starken Halsschmerzen – die beispielsweise durch eine
  Mandelentzündung hervorgerufen werden – ist Speiseeis eine
  ideale Erste Hilfe, die die oft heftigen Schmerzen lindert.

Hämorrhoiden

Dabei handelt es sich um krampfaderartige Erweiterungen von
Blutadern in der Aftergegend. Sie können innerlich und äußerlich auftreten. Meistens ist die Anlage dazu erblich bedingt.
Verstärkt werden die Beschwerden durch üppiges Essen, scharfe Gewürze, sitzende Tätigkeit und häufige Stuhlverstopfung.

Hildegard von Bingen führt Hämorrhoidalleiden darauf zurück, daß schädliche, wäßrige oder dünne Säfte im menschlichen Organismus überhandnähmen und so das Blut ohne verdaute Nahrung durch den After abfließen ließen.

Was Sie dagegen tun können:
- Wichtig ist vor allem ein geregelter und nicht zu harter Stuhlgang. Hier hat sich Dörrpflaumensaft (in jedem Reformhaus und in vielen Supermärkten erhältlich) bewährt.
- Hygiene ist ein anderer wichtiger Faktor, weil sich sonst durch Bakterien offene Hämorrhoiden verschlimmern können. Nach jedem Stuhlgang den After sorgfältig säubern. Außerdem häufig baden oder duschen.
- Unbedingt vermeiden sollte man das Sitzen auf kaltem Metall – beispielsweise auf Geländern, Gartenstühlen usw.
- Sehr hilfreich ist auch ein Training des Afterschließmuskels. Dazu öfter am Tag den Schließmuskel mehrere Male kräftig zusammenziehen und wieder erschlaffen lassen.

Hautleiden

Siehe auch unter *Ausschlag*, *Krätze.*
Hauterkrankungen können aus verschiedensten Gründen auftreten. Ursachen können Infektionskrankheiten oder Allergien sein, aber auch Ernährungsfehler (zu fette Speisen, Mangel an Spurenelementen), umweltbedingte Einflüsse (chemische Stoffe, Strahlungen) und seelische Gründe. Bei länger anhaltenden Problemen sollte deshalb unbedingt ein Facharzt zur Abklärung der Ursachen aufgesucht werden.

Hildegard von Bingen hat zahlreiche Ratschläge zur Behandlung von Hautleiden gegeben. Die meisten Hinweise finden Sie unter *Krätze* zusammengefaßt – ein Begriff, mit dem im Mittelalter die meisten krankhaften Hautveränderungen bezeichnet wurden.

Was Sie dagegen tun können:

- Wichtig ist als Vorbeugung und als Voraussetzung zur Heilung eine gesunde Lebensweise. Zur Ernährung finden Sie Hinweise in den Bänden *Dinkelkochbuch, Ernährungslehre* und *Küche aus der Natur.* Aber auch ausreichende Bewegung an der frischen Luft, körperliche Abhärtung und genügend Entspannung, um seelische Probleme abklingen zu lassen, sind notwendig.

Heiserkeit

Siehe auch unter *Erkältung, Halsschmerzen, Husten.*
Heiserkeit ist oft eine Begleiterscheinung von Erkältungen und grippalen Infekten. Aber auch Überanstrengung – etwa, wenn man viel sprechen muß, z. B. als Lehrer – kann eine Ursache sein. Nicht zuletzt führt oft übermäßiges Rauchen (übrigens auch Passiv-Rauchen) zu Heiserkeit.

Heilwein gegen Heiserkeit

Hildegard von Bingen, die ja selbst oft Reden halten mußte, gibt ein Rezept an, das sehr empfehlenswert ist:

„Nimm Königskerze und Fenchel im gleichen Gewicht und koche es in gutem Wein. Anschließend seihe dieses durch ein Tuch, und trinke es oft." (*Physica*)

Zubereitung und Anwendung:
Je 1 EL Königskerzenblüten und Fenchelsamen mit 1/4 l Landwein übergießen.
Etwa 5 Minuten leise köcheln lassen, dann abseihen.
Über den Tag verteilt immer wieder einen Schluck von diesem Heilwein nehmen. Da er warm angenehmer und wirksamer ist, empfiehlt es sich, den Wein in einer Thermosflasche aufzubewahren.

Außerdem empfiehlt Hildegard auch das Süßholz. Man kann das Pulver in etwas Wein auflösen, und man kann es in Form von Lakritzkonfekt zu sich nehmen.

Was Sie sonst noch tun können:
- Schützen Sie Ihren Hals vor allem bei feuchtem und windigem Wetter. Oft reicht schon ein leichter Seidenschal.
- Ein sehr gutes homöopathisches Mittel, das auch in schwerwiegenden Fällen, in denen es zu einer Art Stimmverlust kommt, fast unfehlbar hilft, ist Zinnober-Pyrit. Fragen Sie in Ihrer Apotheke danach!

Herzbeschwerden

Herzbeschwerden aller Art sind immer ernst zu nehmen. Sie können ihre Ursache in Aufregungen oder Überanstrengungen haben, aber auch viele chronische Krankheiten wirken herzbelastend. Die Beschwerden können sich in unterschiedlichster Art äußern, etwa als Stiche, Druck oder als akuter Schmerz.

Hildegard von Bingen sieht die Ursache für Herzschmerzen in einer Erregung der Körpersäfte, vor allem der Schwarzgalle. Diese „erhebt sich unwillig, steigt mit einem schwarzen schädlichen Brodem zum Herzen empor und ermüdet es durch viele plötzliche Anfälle". (*Causae et Curae*) Die betroffenen Menschen seien dadurch niedergeschlagen und verbittert und nähmen ihrer Erfahrung nach nur wenig Speise und Trank zu sich, so daß sie abmagerten und sehr schwach würden.

Hildegards Herzkekse

Zutaten:
8 g Galgant
8 g Bertram
4 g weißer Pfeffer

250 g Bohnenmehl (kann aus weißen Trockenbohnen auch selbst gemahlen werden)
5 g Bockshornklee

Zubereitung und Anwendung:
Die Gewürze gut miteinander vermischen, wenn nötig im Mörser zerstoßen.
Mit dem Bohnenmehl vermischen.
Aus dem Bockshornklee einen kräftigen Tee kochen. (Eigentlich empfiehlt Hildegard von Bingen den Saft, die Herstellung wäre aber zu umständlich für den heutigen Hausgebrauch.)
Aus allem einen Teig mischen und daraus Kekse formen.
Diese an der Sonne oder im Backofen trocknen lassen.
Morgens nüchtern einen solchen Keks essen und einen oder zwei weitere im Laufe des Tages.
Hildegards Begründung für die Wirksamkeit dieser Herzkekse:
  „Die Wärme des Galgants, des Bertrams und des weißen Pfeffers und der Bohne, gemildert durch die Kälte des Bockshornklees und der gesunden Sonnenwärme ausgesetzt, mildert das Herzweh." (*Physica*)

Hildegards Frühstückspulver

Zutaten:
6 Teile weißer Pfeffer
2 Teile Kümmel
1 Teil Bockshornklee

Zubereitung und Anwendung:
Die Zutaten im Mörser pulverisieren.
Auf ein Stück trockenes Brot streuen und dieses morgens auf nüchternen Magen essen.

Enzianpulver

Gegen heftige Herzschmerzen empfiehlt Hildegard von Bingen in ihrer *Physica* den Enzian. Dazu wird etwas pulverisierte Enzianwurzel über die Suppe oder eine andere Speise gegeben, „denn dieses stärkt das Herz".

Königskerzen-Würze

Hildegard empfiehlt die Königskerze allen, die „ein schwaches oder trauriges Herz" haben, weil sie herzstärkend wirkt und wieder fröhlich macht:

> „Man koche Königskerze mit Fleisch oder mit Fischen oder mit Getreidegerichten [‚Kucheln'] ohne andere Würzkräuter." (*Physica*)

Am besten verwendet man die Königskerze frisch – entweder die Blätter oder die Blütenknospen.

Diptampulver

Ebenso wird das Diptampulver verwendet, das man außerdem auch auf ein Stückchen Brot streuen kann. Hildegard begründet in ihrer *Physica* die Wirksamkeit des Diptams damit, daß dieser nicht nur seiner Natur nach warm und trocken ist, sondern auch die Kräfte des Feuers und des Steins in sich trägt.

Außerdem empfiehlt Hildegard, die Speisen häufig mit Galgant zu würzen. Durch seine Schärfe kann dieses Gewürz krampflösend wirken:

> „Wer Herzschmerzen und ein schwaches Herz hat, sollte genügend Galgant essen, und es wird ihm bald bessergehen." (*Physica*)

In Geschäften, die auf Hildegardpräparate spezialisiert sind, sowie im Fachhandel gibt es auch Galgant-Tabletten, die bei Herzbeschwerden als Notfallmedikament eingesetzt werden können, bevor der Arzt kommt oder aufgesucht werden kann.

Als weitere Maßnahme rät Hildegard von Bingen zum Aderlaß, und zwar sollte dieser an der Mittelader des rechten Armes vorgenommen werden. Näheres dazu finden Sie unter „Die Ausleitungsverfahren" (s. Seite 14).

Hildegards Angabe, daß auch das von einem Kamelhöckerknochen abgeschabte Pulver hilfreich gegen Herzbeschwerden wirkt, wird wohl unüberprüfbar bleiben, da es hierzulande recht schwierig ist, Kamelhöcker zu erwerben.

Als wirksame Edelsteine gegen Herzbeschwerden empfiehlt Hildegard von Bingen Smaragd, Jaspis, Onyx, Chrysolith und Bergkristall. Näheres dazu finden Sie im Band *Edelsteintherapie.*

Was Sie sonst noch tun können:
- Bei Herzbeschwerden, die nachts auftreten, sollten Sie Ihren Oberkörper möglichst hoch lagern – also alle verfügbaren Kissen in den Rücken legen.
- Oft hilft ein nasser Waschlappen, der auf die Herzgegend gelegt wird.
- Bei nervösen Herzbeschwerden ist die „Herzübung" aus dem autogenen Training sehr hilfreich, um die Herzfrequenz zu normalisieren: Entspannt hinsetzen oder hinlegen. Tief und ruhig atmen. Dann folgende Vorsatzformel denken: „Mein Herz schlägt ganz ruhig und gleichmäßig."
- Achten Sie auch auf die Geräusche in Ihrer Umgebung. So kann Musik den Herzschlag verlangsamen oder beschleunigen. Hören Sie sich deshalb bei Herzproblemen eine möglichst ruhige Musik an: Vivaldi, Bach, Smetana usw. sind besonders gut geeignet.

Husten

Siehe auch unter *Grippe, Erkältung, Lungenleiden.*
Der Husten ist im Grunde keine Erkrankung für sich, sondern kann Symptom für verschiedene Krankheiten sein – meistens für Erkältungen oder grippale Infekte. Beim Husten sind die Schleimhäute geschwollen und sondern vermehrt Schleim ab. Die kleinen Flimmerhärchen, die diesen Schleim normalerwei-

se aus den Atemwegen heraustransportieren, sind durch die Erkältung geschwächt. Dadurch sind die Luftwege eingeengt und müssen durch kräftige Hustenstöße für die Atmung frei gemacht werden. Sind Flimmerhärchen und Schleimhäute durch häufige Erkältungen angegriffen, können sie die Krankheitskeime nicht mehr abwehren. So erhöht sich die Gefahr, daß es immer wieder zu einer Infektion kommt. Deshalb sind nicht nur eine naturgemäße Behandlung, sondern auch Vorbeugungsmaßnahmen wie Abhärtung des Körpers (etwa durch Wechselduschen, Bürstenmassage, viel Bewegung im Freien) und eine ausgewogene Ernährung sehr wichtig.

Hildegard von Bingen schreibt über den Husten, daß er durch Fäulnisstoffe im Lungenbereich hervorgerufen werde, wodurch der erkrankte Mensch viel Schleim auswerfe. Würde er dies nicht tun, müßte er ihrer Meinung nach schon nach kurzer Zeit zugrunde gehen, weil diese Krankheit manchmal gefährlich sein könne.

Hildegards Pflaumenkern-Kur

Diese Kur empfiehlt sie besonders bei trockenem Husten – also dann, wenn wenig oder gar kein Schleim ausgeworfen wird. Diese Kur hilft auch bei chronischem Husten.
Zutaten:
20 Pflaumenkerne
1/4 l Landwein

Zubereitung und Anwendung:
Die Pflaumenkerne mit dem Nußknacker aufknacken und das Innere mit dem Wein übergießen.
Zugedeckt 1 bis 2 Tage quellen lassen.
Dann täglich einige Kerne essen.
Einige Kerne fein hacken und mit etwas von dem Wein einer Dinkelschrotsuppe hinzugeben.

Brombeerwein

Zum Erfolg dieses Weins schreibt Hildegard:
„Die Lunge erhält ihre Gesundheit zurück, und der Schleim wird aus der Brust entfernt." (*Physica*)

Zutaten:
10 g Bertramwurzel
knapp 10 g Brombeerblätter
8 g Ysop
5 g Oregano
50 g Honig
1 l Landwein

Zubereitung und Anwendung:
Die Kräutermischung mit dem Honig etwa 10 Minuten in dem Wein köcheln lassen, dann abseihen und in eine Flasche abfüllen.
Nach jeder Mahlzeit ein kleines Likörglas davon trinken. (Bei größeren Mahlzeiten empfiehlt Hildegard etwas mehr.)

Akelei-Honig

Hildegard schreibt zur Behandlung von Husten, der von reichlichem Schleimauswurf begleitet ist:
„Lege Akelei in Honig und iß diesen oft. Er mindert die Verschleimung und reinigt die Atemwege." (*Physica*)

Zutaten:
1 Handvoll frische Akeleiblätter und -blüten
250 g Honig

Zubereitung und Anwendung:
Akelei sehr fein zerkleinern und unter den Honig rühren.
In ein Glas füllen und gut verschließen.
Davon bei Bedarf mehrere Löffel nehmen.

Wermut-Einreibung

Zutaten:
reichlich frischer Wermut
Olivenöl

Zubereitung und Anwendung:
Dieses Rezept benötigt einige Vorbereitungszeit, denn das Öl muß einige Monate lang stehen, damit es seine Wirksamkeit entfaltet.
Man mischt entweder ausgepreßten Wermutsaft (in manchen Fachgeschäften auch als fertiges Produkt erhältlich) im Verhältnis 1 zu 3 mit Olivenöl.
In einem gut verschlossenen Glas einige Monate lang an einem warmen Ort stehenlassen.
Oder man legt die Wermutpflanzen in dem Öl ein und läßt sie dort ebenfalls einige Monate lang ziehen.
Dann abseihen (durch Kaffeefilterpapier oder durch ein sauberes Küchentuch).
Mit diesem Öl wird bei Husten die Brust sanft massiert.
Wichtig: Wenn es zu Hautreizungen kommt, die Behandlung unterbrechen oder ganz aufgeben.

Was Sie sonst noch tun können:
- Bei heftigem Husten – vor allem, wenn er von Fieber begleitet ist – empfehlen sich Brustwickel. Dazu wird ein Küchenhandtuch unter kaltes Wasser gehalten, ausgewrungen und auf die Brust gelegt. Darüber kommt ein Frotteetuch, und das Ganze wird mit einem Wollschal fixiert.
- Immer wieder einen Löffel Honig nehmen. Auch den Tee mit Honig süßen.

Insektenstiche

Insektenstiche sind nicht nur lästig – durch Aufkratzen kann es leicht zu Infektionen kommen. Hier weiß Hildegard von Bin-

gen in ihrer *Physica* ein einfaches Mittel, das vor allem bei
Wanderungen – wenn man möglicherweise gerade kein anderes Medikament zur Hand hat – sehr hilfreich sein kann: Die
Einstichstelle mit Wegerichsaft abreiben. Dazu werden einige
Wegerichstengel zerdrückt, und der Saft wird dann direkt auf
den Stich aufgetragen. Dies sollte mehrfach wiederholt werden. Dadurch geht die Schwellung rasch zurück, und auch die
Schmerzen klingen ab. Für zu Hause empfiehlt sich ein Fläschchen mit Spitzwegerich-Urtinktur (im Reformhaus oder in der
Apotheke erhältlich).

Was Sie sonst noch tun können:
- Bei Anschwellen und Juckreiz ist Kühlung wichtig. Deshalb
  ein sauberes, feuchtes Tuch auf die Einstichstelle legen.
- Ein Mittel, das Hildegard von Bingen noch nicht kennen
  konnte, das aber fast unfehlbar wirkt, ist das australische Teebaumöl. Einfach ein Tröpfchen davon auf die Einstichstelle
  geben – der Juckreiz läßt nach, die Schwellung geht zurück,
  und eventuelle Infektionen werden schon im Keim verhindert.

Kolik

Bei Koliken handelt es sich um heftige krampfartige Bauchschmerzen, die durch Zusammenziehungen der Muskulatur innerer Organe (Magen, Darm, Galle, Nieren, Blase) hervorgerufen werden. Oft sind sie mit Schweißausbrüchen und Brechreiz
verbunden. Obwohl man sich bei einer Kolik häufig selbst helfen kann, sollte bei sehr starken Schmerzen und länger dauerndem Anfall der Arzt gerufen werden.

Hildegards Koliksalbe

Zutaten:
frische Kamillenblüten
Butter

Zubereitung und Anwendung:
Die Blüten zu einem Brei zerstoßen und mit der Butter zu einer Salbe verrühren.
Diese auf die schmerzenden Stellen auftragen.
Hildegards Erklärung für die Wirksamkeit dieser Salbe: Die Wärme und Kraft der Kamille lindere in Verbindung mit der milden Wärme die Schmerzen.

Was Sie sonst noch tun können:
- Bettruhe ist eines der wichtigsten Heilmittel. Stellen Sie dabei möglichst auch die Türklingel und das Telefon ab, um ungestört ausruhen zu können.
- Feuchtwarme Umschläge, auf die betroffenen Stellen gelegt, können oft lindernd wirken.

Konzentrationsstörungen

Siehe auch unter *Durchblutungsstörungen*, *Kopfschmerzen*.
Konzentrationsstörungen können durch äußere Umstände verursacht werden – etwa Lärm, häufige Störungen bei der Arbeit –, aber auch durch seelische Probleme – z. B. Versagensangst und Überforderung. Allerdings können sie auch organische Ursachen haben, deshalb sollte im Zweifelsfalle ein Arzt konsultiert werden.
Hildegard von Bingen rät hier zu gekochten Kastanien und zu Brennesseln. Letztere kann man in jeder Form zu sich nehmen – als Salat, als frischen Saft oder als Tee.

Was Sie sonst noch tun können:
- Sorgen Sie, soweit es möglich ist, für optimale Arbeitsbedingungen, wenn Sie eine Aufgabe durchzuführen haben, die Konzentration erfordert: den Anrufbeantworter einschalten, die Türklingel abschalten, die Arbeitszimmertür schließen und notfalls ein „Bitte nicht stören"-Schild davorhängen.

- Oft helfen frische Luft und etwas Bewegung, um sich danach um so besser konzentrieren zu können.
- Auch Meditationstechniken wie Zen, Yoga, autogenes Training usw. können durch ihren entspannenden Effekt zu besserer Konzentration verhelfen.

Kopfschmerzen

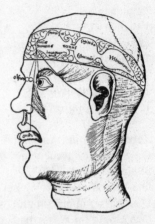

Diese Schmerzen können in verschiedenster Form und Stärke und unterschiedlich lang andauern. Ebenso können sie die verschiedensten Ursachen haben: Überarbeitung, Verspannungen der Nackenmuskulatur, Sehstörungen, Hormonschwankungen, Erkrankungen, die nicht unbedingt ausschließlich den Kopfbereich betreffen müssen. Bei heftigen, länger anhaltenden oder oft auftretenden Kopfschmerzen sollte unbedingt der Arzt aufgesucht werden, um die Ursache abzuklären. Kopfschmerztabletten sind nur für den akuten Notfall gedacht und sollten nicht gewohnheitsmäßig verwendet werden.

Hildegard von Bingen führt viele Arten von Kopfschmerzen auf fiebrige Erkrankungen zurück, die auf die „Schwarzgalle" einwirken. Auch die Migräne, bei der heftige einseitige Kopfschmerzen auftreten, rühren von der Schwarzgalle her und „von allen schlechten Säften, die im Menschen sind". (*Causae et Curae*) Die Behandlung wird durch das Ungleichgewicht dieser Säfte erschwert:

„Man kann sie nur schwer loswerden, weil das, was die Schwarzgalle unterdrückt, wiederum die schlechten Säfte aufregt, und das, was die schlechten Säfte beruhigt, die Schwarzgalle wieder zunehmen läßt." (*Causae et Curae*)

Birnhonig

Für Hildegard ist dieses Mittel als Arznei gegen Kopfschmerzen „kostbarer und nützlicher als das reinste Gold ..., denn es vernichtet alle üblen Säfte im Menschen und reinigt den Menschen so, wie ein Geschirr vom Schmutz gereinigt wird". (*Physica*)

Zutaten:
5 Birnen
250 g Honig
30 g Bärwurzpulver
25 g Galgantpulver
20 g Süßholzpulver
15 g Mauerpfefferpulver

Zubereitung und Anwendung:
Die Birnen waschen und vierteln. Das Kerngehäuse und die Stiele entfernen.
Die Birnenviertel in Wasser weichkochen.
Das Wasser abgießen und die Birnen pürieren.
Den Honig im Wasserbad erwärmen.
Das Kräuterpulver und das Birnenpüree kräftig darin verrühren.
Von diesem Birnhonig nimmt man morgens nüchtern 1 Teelöffel, nach dem Mittagessen 2 Eßlöffel und abends vor dem Schlafengehen 3 Eßlöffel.

Salbei-Majoran-Kompresse

Diese Kompresse ist vor allem dann geeignet, wenn die Kopfschmerzen aufgrund einer Magenverstimmung entstanden sind.

Zutaten:
je 1 Handvoll frischen Salbei, Majoran und Fenchel
3 Handvoll Andorn

Zubereitung und Anwendung:
Den Kräutersaft auspressen und eine Kompresse darin befeuchten, die auf die Stirn aufgelegt wird. Wenn keine frischen
Kräuter vorhanden sind, aus den getrockneten Kräutern (die
auch in der Apotheke erhältlich sind) einen starken Tee kochen, diesen abkühlen lassen und abseihen. In der Flüssigkeit
eine Kompresse anfeuchten.

Behandlung mit Weihrauch

Über den Weihrauch schreibt Hildegard:
> „Er ist seiner Natur nach mehr warm als kalt. Sein Geruch
> steigt ohne Feuer empor und erhellt die Augen und reinigt
> das Gehirn." (*Physica*)

Deshalb hält sie ihn auch für besonders geeignet zur Behandlung von Kopfschmerzen.
Zutaten:
1 EL Weihrauchpulver
2 EL Dinkelmehl
1 Eiweiß

Zubereitung und Anwendung:
Mehl und Weihrauchpulver mit dem Eiweiß gut vermischen
und daraus kleine Plätzchen formen.
Diese an der Sonne oder bei kleinster Hitze im Backofen
trocknen lassen.
An diesen Plätzchen soll man bei Kopfschmerzen oft riechen,
weil allein schon der Geruch stärkend wirkt. Bei sehr starken
Kopfschmerzen soll man sich auf jede Schläfe eines der Plätzchen legen und diese mit einem Schal oder Tuch befestigen.

Tannensalbe

Diese Salbe empfiehlt Hildegard, denn „die Tanne ist ihrer Natur nach mehr warm als kalt und enthält viele Kräfte. Außerdem bezeichnet sie die Tapferkeit". (*Physica*)

Zutaten:
50 g Tannenrinde, -nadeln und wenn möglich auch etwas Tannenholz (Am besten eignet sich die Tanne zu diesem Zweck im Frühjahr – etwa März bis Mai –, weil sie dann voller Saft ist.)
25 g Salbeiblätter
250 ml Wasser
75 g Kuhbutter (am besten ist Maibutter geeignet)

Zubereitung und Anwendung:
Tannennadeln, -rinde und -holz fein hacken, die Salbeiblätter zerkleinern.
Mit dem Wasser köcheln lassen, bis ein dicker Brei entstanden ist.
Unter ständigem Rühren die Butter dazugeben.
Die Salbe durch ein Tuch abfiltern und in ein Cremetöpfchen füllen.
Dieses sollte im Kühlschrank aufbewahrt werden, damit die Butter nicht ranzig wird.
Bei Kopfschmerzen mehrmals täglich zunächst die Herzgegend, dann die Stirn mit dieser Salbe sanft massieren.

Außerdem empfiehlt Hildegard bei Kopfschmerzen, das Essen mit Gewürznelken zu würzen. Denn:
„Wer solche Kopfschmerzen hat, daß ihm der Kopf brummt, als wenn er taub wäre, der sollte oft Nelken essen. Dadurch wird das Brummen im Kopf gemildert." (*Physica*)
In der Tat wirken Gewürznelken schmerzlindernd und leicht betäubend.

Veilchenöl
Zutaten:
10 g Veilchenöl
50 g Olivenöl (Hildegard empfiehlt Veilchensaft – der in der von ihr angegebenen Menge aber kaum gepreßt werden kann –

und außer dem Olivenöl Bockstalg – der auch kaum erhältlich sein wird – zur Zubereitung. Deshalb sind die Zutaten dieses Rezeptes heutigen Möglichkeiten angepaßt worden.)

Zubereitung und Anwendung:
Die Öle miteinander vermischen und in ein dunkles Fläschchen abfüllen.
Bei Kopfschmerzen etwas Öl auf die Fingerspitzen geben und Stirn und Schläfen sanft damit massieren.

Außerdem rät Hildegard dazu, bei durch Durchblutungsstörungen verursachten Kopfschmerzen süße Mandeln zu essen.

Als weitere Heilmaßnahme gegen Kopfschmerzen empfiehlt Hildegard von Bingen das Schröpfen im Bereich zwischen Hals und Rücken. Näheres dazu finden Sie unter „Die Ausleitungsverfahren" (s. Seite 15). Das gleiche gilt für die Behandlung mit Brennkegeln.

Andere Empfehlungen Hildegards – etwa die Verwendung von pulverisierter Pelikanleber – sind weniger leicht nachzuvollziehen. Aber vielleicht hat jemand ein Löwenfell zu Hause – dann soll er das Fell des Kopfes kurze Zeit auf seinen Kopf legen, bis sich dieser erwärmt.

Als gegen Kopfschmerzen wirksame Edelsteine empfiehlt Hildegard von Bingen Smaragd, Rubin und Flußperlen. Näheres finden Sie in *Edelsteintherapie*.

Was Sie sonst noch tun können:
- Bei leichteren Kopfschmerzen helfen mitunter Unterarmbäder in kaltem Wasser.
- Im autogenen Training gibt es eine Übung zur „Stirnkühlung", die bei leichten Kopfschmerzen sehr wirksam sein

kann: Entspannt hinsetzen oder hinlegen. Tief und ruhig atmen. Dann folgende Vorsatzformel denken: „Meine Stirn ist angenehm kühl."

Krämpfe

Durch Überbeanspruchung, langes Sitzen oder Stehen, aber auch durch Magnesiummangel kann es – vor allem in Waden und Füßen – leicht zu Krämpfen kommen.

Ölmassage

Hildegard rät zu einer Massage mit Olivenöl oder einem guten Massageöl. Wenn beides nicht zur Verfügung steht, reicht oft auch eine Massage ohne Öl. Sie empfiehlt, die schmerzende Stelle kräftig zu massieren.

Was Sie sonst noch tun können:
- Aufstehen und herumgehen oder – vor allem bei Zehenkrämpfen – auf den Zehenspitzen stehen.
- Magnesiumhaltige Nahrung kann viele solcher Krämpfe verhindern. Essen Sie regelmäßig Bananen, oder nehmen Sie als Nahrungsergänzung Magnesiumtabletten ein.

Krätze

Diese Hautkrankheit wird durch die Krätzmilbe hervorgerufen und meistens von Mensch zu Mensch oder durch mit Milbenbefall verseuchte Bett- oder Leibwäsche übertragen. Durch den Kot und die Eier der Milben entsteht vor allem in zarten Hautbereichen (Achseln, Handgelenkbeugen, Geschlechtsteile) ein starker Juckreiz. Durch das Kratzen können nässende, teilweise chronische Ekzeme auftreten.

Heilsalbe

Zutaten:
1 Teil Kerbel
3 Teile Engelsüß
5 Teile Alant
1/4 l Wasser
etwas Weihrauch
etwas Schwefel
Schweineschmalz

Zubereitung und Anwendung:
Aus den Kräutern und dem Wasser einen kräftigen Tee kochen,
zugedeckt abkühlen lassen und abseihen.
Nochmals erwärmen.
Gleichzeitig das Schmalz sachte auflösen und alle anderen Zutaten darunterrühren.
Abkühlen lassen und immer wieder umrühren, so daß eine geschmeidige Salbe entsteht.
Mit dieser die betroffenen Stellen einreiben.

Hildegards Erklärung für die Wirksamkeit dieser Salbe:
- Der Kerbel enthalte Wärme und Kälte gleichermaßen und
  wirke dadurch gegen die unrechte Kälte und Wärme der
  Krätzegeschwüre.
- Die Wärme des Engelsüßes trockne die schädlichen Säfte aus.
- Die Wärme des Alants vertreibe die schädlichen Säfte.
- Die Wärme des Weihrauchs wirke heilend.
- Die Wärme des Schwefels wirke abschwächend auf die Geschwüre.
- Die Wärme des Schmalzes heile, besonders wenn es ganz
  frisch ist, die Krätzegeschwüre auf sanfte Weise.
Zur Heilung von innen empfiehlt Hildegard von Bingen den
Quendel. Er soll in der Küche so oft wie möglich als Würzmittel verwendet werden.

Hildegards Vorschlag, zum besseren Ausheilen eines Geschwürs eine getrocknete Pfauenblase darüberzubinden, wird sich heute dagegen kaum durchführen lassen.

Was Sie sonst noch tun können:
- Einen kräftigen Quendeltee zubereiten und ihn für Waschungen, Kompressen oder als Badezusatz verwenden.
- Einige Wochen lang reichlich Brennesseltee trinken.
- Bett- und Leibwäsche häufig wechseln.

Kreislaufstörungen

Siehe auch unter *Durchblutungsstörungen.*
Kreislaufstörungen können die verschiedensten Ursachen haben. So können sie witterungs- oder streßbedingt sein, aber auch als Folge anderer Erkrankungen auftreten. Bei längerem Anhalten der Symptome sollte unbedingt ein Arzt aufgesucht werden.
Symptome sind häufig Herzbeschwerden, Blutdruckschwankungen, Schwindel, Kopfschmerzen, kalte Hände und Füße.

Die Hildegard-Medizin empfiehlt bei Kreislaufstörungen vor allem den Fenchel, der nach Hildegards Worten „den Körper angenehm durchwärmt". (*Physica*) Fenchel in jeder Form – ob als Gemüse (mehr hierzu finden Sie in *Küche aus der Natur*) oder als Tee – ist bei Kreislaufstörungen immer eine gute natürliche Medizin.
Auch „Hildegards Herzwein mit Petersilie" ist für Menschen mit Kreislaufproblemen eine hilfreiche Medizin.

Was Sie sonst noch tun können:
- Wichtig ist eine Abhärtung des Körpers, die den Kreislauf wieder in Schwung bringt: Trockenbürsten, Wechselduschen und (für alle, die es gut vertragen) Saunabesuche.

- Überprüfen Sie Ihre Lebensgewohnheiten! Rauchen und Alkohol sowie übermäßiger Streß können Kreislaufprobleme verursachen.
- Entspannende Übungen können den Kreislauf entlasten. Besonders empfehlenswert sind Yoga, autogenes Training und Meditation.

Läuse

Läuse sind heute offensichtlich wieder auf dem Vormarsch. Besonders in Kindergärten und Schulen kommt es immer wieder zu Läusebefall. Diese nisten sich vorwiegend in den Haaren ein, es kommt zu Juckreiz und rötlichen Entzündungen im Nackenbereich. Da Läuse Hautkrankheiten verursachen und übertragen können, sollte man bei ihrer Bekämpfung sehr gründlich vorgehen.

Hildegard von Bingen führt den Läusebefall auf die unterschiedliche Konstitution der Menschen zurück. So befallen ihrer Meinung nach Läuse eher grobknochige Menschen, die nicht sehr intelligent sind und leicht schwitzen, während zartgliedrige Menschen nicht so schnell betroffen werden.

Hildegards Rezeptur gegen Läuse – sie besteht im wesentlichen aus Aalgalle, Elfenbein und pulverisierten Geierschnäbeln – ist heute wohl kaum noch praktikabel und gehört eher in den Bereich von Mythos und Magie.

Was Sie sonst noch tun können:
- Bei Verdacht auf Läusebefall sollte das Haar mit einem speziellen Läusekamm (in der Apotheke erhältlich) gründlich ausgekämmt werden.
- Wichtig ist auch das getrennte und gründliche Waschen der Bettwäsche, der Handtücher und auch der Kopftücher, Pullover usw.

- In der Apotheke gibt es wirksame Mittel, die nach den Angaben auf der Gebrauchsanweisung verwendet werden sollten.

Als wirksamen Edelstein gegen Läuse empfiehlt Hildegard von Bingen den Amethyst. Näheres dazu finden Sie im Band *Edelsteintherapie.*

Leberbeschwerden

Zu den wichtigsten Funktionen der Leber gehört die Entgiftung des Blutes, sie greift aber auch regulierend in fast alle Stoffwechselvorgänge ein. Deshalb kann eine Erkrankung der Leber den ganzen Körper schwer beeinträchtigen. Leberentzündungen können z. B. zur Hepatitis mit darauf folgender Gelbsucht führen, es kann zur Leberschrumpfung oder zur Lebervergrößerung kommen usw. Oft ist übermäßiger Alkoholkonsum eine Ursache, mitunter spielen Infektionskrankheiten eine Rolle, sehr oft ist eine falsche und deshalb belastende Ernährung der Auslöser.

Hildegard von Bingen sieht eine Ursache von Lebererkrankungen des weiteren in einer falschen und vor allem übermäßigen Ernährung:

"Wenn ein Mensch die verschiedenen Speisen ohne Maß und ohne Unterschied zu sich nimmt, dann wird infolge der verschiedenen Säfte dieser Speisen seine Leber geschädigt und verhärtet, so daß ihr heilsamer Saft, den sie wie eine Salbe in alle Glieder, Gelenke und Eingeweide senden müßte, dadurch verdorben wird." (*Causae et Curae*)

Hildegard empfiehlt Leberleidenden, ihr Essen mit einem guten Essig zuzubereiten, "weil die Wärme und die Schärfe des Essigs die Leber zusammenzieht". (*Causae et Curae*)

Leberwein

Zutaten:
4 g Süßholz
4 g Zimt
4 g Ysop
10 g Fenchel
1 l Landwein
Honig nach Geschmack

Zubereitung:
Die Gewürze mit dem Wein übergießen und einige Tage lang gut verschlossen ziehen lassen.
Dann abseihen und den Wein mit Honig vermischen und kurz aufkochen lassen.
Wenn nötig, Honig nachgeben – nach Hildegards Angaben soll „keine Bitterkeit darin sein". (*Physica*)
Zur Anwendung sagt Hildegard:
> „Wenn in der Leber (oder auch in der Lunge) die Schmerzen sehr stark sind, dann trinke diesen Wein neun Tage lang jeden Tag, und zwar morgens nach einem kleinen Frühstück und vor dem Schlafengehen nach dem Abendessen." (*Physica*)

Ysop ist für Hildegard ein wichtiges Heilkraut zur Linderung von Leberbeschwerden. So empfiehlt sie einen Wein, in dem frische Ysopzweige eingelegt wurden. Dieser soll nicht nur regelmäßig getrunken – auch die eingelegten Ysopzweige sollen gegesssen werden.

Lavendelwein

Über diesen Wein schreibt Hildegard in ihrer *Physica*, daß er nicht nur die Schmerzen in Leber und Lunge mildere, sondern auch „reines Wissen und einen klaren Verstand" bereite. Verwendet wird dafür der wilde Speik-Lavendel.

Zutaten:
20 g Lavendel
1 l Landwein

Zubereitung und Anwendung:
Den Lavendel etwa 10 Minuten lang in dem Wein köcheln lassen.
Abseihen und in eine Flasche abfüllen.
2- bis 3mal täglich ein kleines Likörglas davon trinken.

Kastanienhonig

Zutaten:
100 g Kastanienkerne
Honig nach Belieben

Zubereitung und Anwendung:
Die Kastanienkerne kochen, zerdrücken und mit Honig mischen.
In ein gut verschließbares Glas abfüllen.
Von diesem Honig mehrmals am Tag einen Löffel essen.
(In Fachgeschäften gibt es auch Edelkastanienhonig.)

Mandeln

Leberkranken empfiehlt Hildegard von Bingen außerdem, häufig Mandelkerne zu essen.

Als weitere Heilmaßnahme gegen Lebererkrankungen empfiehlt Hildegard von Bingen das Schröpfen. Und zwar sollen dabei die Schröpfköpfe an den Unterarmen angesetzt werden. Näheres dazu finden unter „Die Ausleitungsverfahren" (s. Seite 15).

Was Sie sonst noch tun können:
- Bei Leberbeschwerden sollten Sie auf Alkohol verzichten!

Hildegards Rezepte beziehen sich immer nur auf gekochten Wein, der kaum noch Alkohol enthält.
- Joghurt und vor allem Quark sind wichtige Lebensmittel, die der Leber wohltun – verwenden Sie sie so häufig wie möglich auf Ihrem Speisezettel.

Lungenleiden

Siehe auch unter *Leberbeschwerden* (viele von Hildegards Rezepten beziehen sich auf beide Erkrankungen), *Asthma*, *Atembeschwerden*, *Husten*.
Schon ein Bronchialkatarrh kann die Lungenfunktionen beeinträchtigen. Schwerwiegendere Erkrankungen – z. B. Abszesse, Emphyseme oder Entzündungen – können vor allem durch Infektionen, allergische Prozesse und äußere Schadstoffe hervorgerufen werden. Früher gehörte die Lungentuberkulose zu den wichtigsten Infektionskrankheiten; sie ist aber heute in unseren Gegenden glücklicherweise kaum noch anzutreffen.

Hildegard empfiehlt, bei Lungenleiden fettes Fleisch und gekochten Käse zu meiden, weil diese zur Lungenschwindsucht führen könnten. Ebenso sollte man auf Erbsen, Linsen, rohes Obst und Gemüse sowie auf Nüsse und Öl verzichten. Wer Fleisch essen möchte, sollte sich an die mageren Sorten halten. Wasser und Wein sind als Getränke ebenfalls nicht empfehlenswert, hingegen schadet dem Kranken Bier – in Maßen genossen – nicht, weil es gekocht ist. Vor allem rät sie zu Ziegenmilch:

„Wer Schmerzen an der Lunge hat, sollte häufig Ziegenmilch trinken, und er wird geheilt werden. Auch süße Mandeln sind ein wohlschmeckendes Heilmittel." (*Physica*)

Hildegards Lungenpulver

Zutaten:
1 Prise Galgant

1 Prise Fenchel
2 Prisen Muskatnuß
2 Prisen Kamille

Zubereitung und Anwendung:
Alles im Mörser zu einem feinen Pulver verreiben und täglich
auf nüchternen Magen ein Stück Brot essen, das mit diesem
Pulver bestreut ist.

Wacholderbeerwein

Zutaten:
1 Teil Wacholderbeeren
4 Teile Bertram
1 l roter Landwein

Zubereitung und Anwendung:
Alle Zutaten miteinander aufkochen lassen.
Ein Stück zerschnittene Alantwurzel hineingeben und den
Wein zugedeckt einige Stunden ziehen lassen. Dann abseihen.
2 bis 3 Wochen lang jeden Morgen auf nüchternen Magen ein
kleines Likörglas davon trinken.

Auch den Veilchenwein empfiehlt Hildegard, und zwar besonders dann, wenn die Lungenbeschwerden durch Depressionen
verursacht oder von ihnen begleitet werden, denn er heilt ihrer
Meinung nach nicht nur die Lunge, sondern macht den Menschen auch wieder froh. (Rezept unter *Depressionen*, s. Seite 32)

Alantwein

Hildegard empfiehlt diesen Wein gegen Lungenkrankheiten,
weil dadurch der Schleim ausgetrieben wird. Gleichzeitig
warnt sie aber davor, ihn zu häufig zu trinken, denn „er könnte
wegen seiner Stärke schädigen". (*Physica*)

Zutaten:
30 g Alantwurzel
1 l Landwein

Zubereitung und Anwendung:
Den Alant mit dem Wein übergießen und 1 Tag lang ziehen lassen.
Vor jeder Mahlzeit 1 Eßlöffel davon nehmen.

Als weitere Heilmaßnahme empfiehlt Hildegard von Bingen das Schröpfen im Bereich der Schulterblätter. Näheres darüber finden Sie unter „Die Ausleitungsverfahren" (s. Seite 15).

Was Sie sonst noch tun können:
- Auf jeden Fall ist eine gesunde Lebensweise wichtig. Das bedeutet vor allem bei Lungenleiden, *nicht* zu rauchen. Achten Sie auf Ihre Ernährung. Näheres zu diesem Thema finden Sie in den Bänden *Ernährungslehre*, *Dinkelkochbuch* und *Küche aus der Natur.*
- Oft hilft schon eine Luftveränderung. Ein Reizklima – also das Klima am Meer oder im Hochgebirge – wirkt manchmal wahre Wunder.

Magenbeschwerden

Wie viele andere Beschwerden können auch Magenbeschwerden sehr unterschiedliche Ursachen haben. Beispielsweise können diese seelischer Natur sein – der Volksmund hat nicht von ungefähr den Ausdruck geprägt, daß uns „etwas auf den Magen geschlagen" sei. Oft liegt die Ursache in falscher oder zu üppiger Ernährung, aber auch andere Krankheiten können als Sym-ptom Magenbeschwerden aufweisen. In schwerwiegenden Fällen sollte man deshalb unbedingt den Arzt aufsuchen.

Hildegard von Bingen führt viele Magenbeschwerden auf eine falsche Ernährung zurück. Das können z. B. ungekochte Speisen sein (auch die ansonsten so gesunde Rohkost ist ja nicht jedem Menschen bekömmlich, weil sie eine starke Herausforderung an sein Verdauungssystem stellt), aber auch sehr fette und schwere oder sehr trockene und saftlose Nahrungsmittel. In solchen Fällen können oft die anderen Körperorgane „dem Magen kein so großes und starkes Feuer geben, daß diese Speisen gar werden könnten. Daher gerinnen sie im Magen und werden hart und schimmelig". (*Causae et Curae*) So könne der Mensch sie nicht richtig verdauen und leide infolgedessen unter Magenschmerzen.

Dinkeltrank

Da der Dinkel nach Hildegards Worten „innerlich heilt wie eine gute und gesunde Salbe" (*Physica*), ist er für alle Magen- und Darmbeschwerden – auch bei Kindern – gut geeignet.
Zutaten:
1 l Wasser
50 g ganze Dinkelkörner
Honig

Zubereitung und Anwendung:
Die Dinkelkörner mit dem Wasser 1/2 Stunde lang köcheln lassen, dann abseihen und etwas Honig unter die Flüssigkeit rühren.
Dieses Getränk über den Tag verteilt trinken. Kleinkindern wird es im Fläschchen gegeben.

Sanikel-Elixier

Dieses Elixier nimmt „den Schleim aus dem Magen weg und hilft den kranken Eingeweiden". (*Physica*)
Zutaten:
1 Handvoll frische Sanikelpflanzen (mit Wurzeln)

1 l Wasser
100 g Honig
etwas Süßholz

Zubereitung und Anwendung:
Die Sanikelpflanzen etwa 10 Minuten lang in dem Wasser kochen, dann abseihen.
Dem Absud den Honig und das Süßholzpulver hinzufügen und
nochmals kurz aufkochen lassen.
In eine Flasche abfüllen und nach jeder Mahlzeit ein Likörglas
davon trinken.
Man kann dieses Rezept auch mit getrocknetem Sanikel herstellen. Dieser sollte jedoch an der Sonne getrocknet werden,
„weil diese die Kräfte der Kräuter nicht wegnimmt". (*Physica*)

Ysop-Magenwein
Zutaten:
einige Stengel Ysop
1/2 l weißer Landwein

Zubereitung und Anwendung:
Die Ysopstengel für einige Tage in den Wein legen und gut
verschlossen aufbewahren.
Von dem Wein morgens auf nüchternen Magen 1 kleines Likörglas trinken. Ysop zum Würzen der Speisen verwenden.

Aronstabwein
Zutaten:
5 g Aronstabwurzel
1 l Landwein

Zubereitung und Anwendung:
Die Aronstabwurzel zerkleinern und etwa 10 Minuten lang in
dem Wein köcheln lassen.

Abkühlen lassen und vor dem Trinken einen erhitzten Stahl in den Wein tauchen oder den Wein in einem Edelstahltopf erhitzen, 2- bis 3mal täglich 1 Likörglas von diesem Wein trinken.

Beifußwürze

Hildegard von Bingen empfiehlt den Beifuß als Würze, aber auch als Gemüse:

> „Denn der Beifuß ist seiner Natur nach warm, und sein Saft ist sehr nützlich. Wenn er gekocht und als Spinat gegessen wird, heilt er die kranken Eingeweide und wärmt den kranken Magen." (*Physica*)

Auch bei Speisen, die nicht so bekömmlich sind – etwa wegen ihres hohen Fettgehalts –, sollte Beifuß mitgekocht werden. Dies ist etwa bei Schweine- oder Gänsebraten besonders empfehlenswert.

Schlehenkur

Hildegard empfiehlt auch die Schlehen:

> „Wer einen schwachen Magen hat, der soll Schlehen braten oder kochen und sie oft essen. Dadurch werden Schadstoffe und Schleim aus dem Körper abgeführt. Auch schadet es nicht, wenn man die Kerne mitißt." (*Physica*)

Ingwer-Galgant-Pulver

Auch dieses Rezept empfiehlt Hildegard in ihrer *Physica*.
Zutaten:
20 g Ingwerpulver
40 g Galgantpulver
10 g Zitwerpulver

Zubereitung und Anwendung:
Alle Pulver gut miteinander vermischen.
Nach jeder Mahlzeit und vor dem Schlafengehen eine Prise davon in 1 Likörglas Landwein geben.

Als einfaches Mittel gegen Magenbeschwerden empfiehlt Hildegard von Bingen, nach dem Essen einige frische Weinrautenblätter zu kauen, denn „diese mindern den Schmerz, den ein Mensch spürt, nachdem er etwas gegessen hat". (*Physica*) Dieses Mittel ist also vor allem bei Völlegefühl angebracht.

Ringelblumen gegen verdorbenen Magen:
Wer unzuträgliche oder verdorbene Speisen gegessen hat und infolgedessen unter einer Magenverstimmung leidet, kann sich mit der Ringelblume helfen, denn „diese hat eine starke Grünkraft in sich und ist gut gegen Gift". (*Physica*)

Ringelblumenkompresse
Zutaten:
1 Handvoll Ringelblumenblüten
1/2 l Wasser

Zubereitung und Anwendung:
Die Ringelblumenblüten etwa 5 Minuten köcheln lassen, dann abseihen und etwas ausdrücken.
In einem Tuch als Kompresse auf den Magen auflegen. Dabei die Temperatur kontrollieren, damit es nicht zu Verbrennungen kommt. Eventuell noch ein Frotteehandtuch unter die Kompresse legen.

Als wirksame Edelsteine gegen Magenbeschwerden empfiehlt Hildegard von Bingen Smaragd, Onyx und Bergkristall sowie die Metalle Gold und Eisen. Näheres finden Sie in *Edelsteintherapie*.

Was Sie sonst noch tun können:
- Immer wieder eine Tasse Brennesseltee zur Magenreinigung trinken.
- Die Magengegend warm halten – etwa mit einer Leibbinde aus Angora oder einer Wärmflasche.

- Cuprum-metallicum-Salbe auf die Magengegend auftragen. Sie erhalten diese Salbe in der Apotheke.

Magerkeit

Siehe auch unter *Appetitlosigkeit*.
Während die meisten Menschen eher mit Übergewicht zu tun haben, leiden andere unter ihrer Magerkeit. Dabei mag die Ursache nicht nur in der psychisch verursachten krankhaften Magersucht liegen, sondern auch in körperlicher Veranlagung oder fehlerhaften Ernährungsgewohnheiten.

Mispelmarmelade

Hildegard rät bei Magerkeit dazu, Mispeln zu essen, weil sie „das Fleisch wachsen lassen". In ihrer *Physica* empfiehlt sie diese Frucht gesunden und kranken Menschen ohne jede Beschränkung, „denn die ganze Kraft dieses Baumes steckt in seiner Frucht".

Leider werden Mispeln bei uns nicht sehr häufig kultiviert, obwohl die Früchte mit ihrem säuerlichen, aromatischen Geschmack für Kenner eine Delikatesse sind, mit der es kein Zuchtapfel aufnehmen kann. Wer das Glück hat, wildwachsende Mispeln zu finden, sollte diese nach dem ersten Frost ernten. Man kann sie roh essen oder zu einer wohlschmeckenden Marmelade verarbeiten. Diese gibt es auch in manchen Spezialitätengeschäften.
Menschen, die unter Magerkeit leiden, rät Hildegard, Butter zu essen – und zwar vor allem Butter aus Kuhmilch:

„Die Butter, die aus der Milch gewonnen wird, ist von angenehmer Wärme. Dabei ist die Kuhbutter besser und heilsamer als die von Ziegen und Schafen. Ein Mensch ..., der einen mageren Körper hat, soll Butter essen, soviel er mag. Sie heilt ihn innerlich und belebt ihn." (*Physica*)

Hildegard von Bingen empfiehlt übermäßig mageren Menschen in ihrem Buch *Causae et Curae*, manchmal mäßig fettes Fleisch zu essen und ein Glas Wein zu trinken. Dieser sei heilsam und vermehre die Blutfülle im menschlichen Körper.

Schwachen, mageren Menschen rät Hildegard außerdem dazu, Dinkel in ihren Speisezettel aufzunehmen. Näheres dazu finden Sie im Band *Dinkelkochbuch*.

Getreidetrank

In ihrer Physica gibt sie ein Rezept für einen stärkenden Getreidetrank an, der vor allem dann guttut, wenn ein Widerwille gegen feste Nahrung besteht.
Zutaten:
50 g Gerstenkörner
50 g Haferkörner
20 g Fenchelsamen
1 l Wasser

Zubereitung und Anwendung:
Getreide und Fenchel 1/2 Stunde lang köcheln lassen, dann abseihen und über den Tag verteilt trinken.

Gerstenbad

Ergänzend zu den Ernährungsmaßnahmen kann der Körper auch von außen angeregt werden – z. B. durch ein Gerstenbad. Dazu schreibt Hildegard, daß der Kranke dadurch „das Fleisch seines Körpers wiedererlangt und gesundet". (*Physica*)
Zutaten:
1 kg Gerstenkörner
5 l Wasser

Zubereitung und Anwendung:
Die Gerste in dem Wasser 1 Stunde lang köcheln lassen.
Dann die Flüssigkeit durch ein Sieb ins Badewasser abseihen.
1- bis 2mal wöchentlich ein solches Gerstenbad nehmen.

Was Sie sonst noch tun können:
- So paradox es klingt – oft hilft bei Magerkeit eine Fastenkur,
  um den Körper wieder in Harmonie zu bringen. Dazu erfah-
  ren Sie Näheres in dem Band *Heilendes Fasten.*
- Sehr magere Menschen haben manchmal eine sehr negative
  Einstellung zu sich selbst – sie können sich nichts gönnen.
  Mitunter hilft dann nur eine entsprechende Psychotherapie.
  Aber oft reicht es schon, ein bißchen freundlich zu sich selbst
  zu sein – nach dem Motto: „Nur wenn ich gut zu mir selbst
  bin, kann ich auch gut zu anderen sein."

Mandelentzündung

Siehe auch unter *Halsschmerzen*, *Erkältung.*
Dabei handelt es sich um eine akute Entwicklung einer allgemeinen Entzündung im Rachenbereich, die vor allem die Gau-
menmandel betrifft. Sie wird meistens durch Streptokokken
(eine Bakterienart) verursacht. Nur selten wird sie durch Viren
übertragen. Symptome sind Frösteln, hohes Fieber und oft sehr
schmerzhafte Schluckbeschwerden. Die Mandeln sind geschwollen und weisen gelblich-weiße Beläge auf.

Andorn

Hildegard von Bingen empfiehlt in ihrer *Physica* vor allem den
Andorn zur Behandlung der Mandelentzündung.
Zutaten:
1 EL Andornkraut
1/4 l Wasser
1/2 l Wein
etwas Butter oder Sahne

Zubereitung und Anwendung:
Andorn im Wasser etwa 10 Minuten köcheln lassen, dann absehen.
Das Wasser mit dem Wein und dem Fett noch einmal kurz aufkochen lassen.
Täglich 2 bis 3 kleine Gläser davon trinken.

Eisenkrautwickel

Außerdem rät Hildegard auch zu folgendem Halswickel: Eine Handvoll Eisenkraut in etwas Wasser etwa 5 Minuten kochen, dann leicht ausdrücken und in ein Tuch geben. Dieses – noch warm – um den Hals legen.

Was Sie sonst noch tun können:
- Bei heftigen Schluckbeschwerden hilft – wenigstens vorübergehend – Speiseeis, den Schmerz zu lindern.
- Auch ein kühlender Halswickel kann Linderung bringen.
- Wichtig ist vor allem Bettruhe.

Migräne

Die Migräne ist eine Sonderform der Kopfschmerzen, die einseitig auftritt und mit heftigen Schmerzen, Übelkeit usw. einhergeht. Noch immer sind trotz ausdauernder Forschungsarbeit weder die Ursachen noch sichere Heilmethoden ermittelt worden. Verschiedene Faktoren können zu Migräneanfällen führen, z. B. Wetterumschwünge, Hormonschwankungen, Streß, zuviel oder zuwenig Schlaf, eine falsche Ernährung, aber auch grelles Licht, laute Musik oder bestimmte Gerüche.

Apfelknospen-Einreibung

In ihrer *Physica* gibt Hildegard auch das folgende Rezept an.
Zutaten:
20 g Apfelblütenknospen
100 g Olivenöl

Zubereitung und Anwendung:
Die Apfelblütenknospen mit dem Olivenöl übergießen und in ein fest verschlossenes Glas geben.
Dieses eine Woche lang an einen warmen Platz stellen (am besten auf eine sonnige Fensterbank).
Mit diesem Öl vor dem Schlafengehen die Schläfen sanft massieren.

Nach Hildegards Angaben hilft auch der „Alant-Wein" gegen Migräne (Rezept s. unter *Lungenleiden*).

Was Sie sonst noch tun können:
- Sehr oft verschlimmert die Angst vor einer sich ankündigenden Migräne die Schmerzen. Deshalb ist Entspannung besonders wichtig. Dazu gehören klassische Entspannungstechniken wie Yoga, autogenes Training, verschiedene Arten der Meditation, aber auch entspannende Tätigkeiten wie Malen, Musizieren, Tanzen.
- Viele Sportarten wirken nicht nur vorbeugend, sondern können bei beginnender Migräne zur „Schadensbegrenzung" eingesetzt werden. Dazu gehören Joggen, Radfahren, Schwimmen und Reiten.
- Nicht selten kann eine Behandlung durch Akupressur oder Akupunktur helfen. Fragen Sie Ihren Arzt danach, oder erkundigen Sie sich nach einem Heilpraktiker mit entsprechender Erfahrung.

Milzbeschwerden

Die Milz ist ein wichtiges Verdauungsorgan, das sich im linken Oberbauch befindet. Bei vermehrtem Sauerstoffbedarf (z. B. beim Laufen) zieht sie sich zusammen – dadurch entsteht das Seitenstechen. Die Milz spielt eine wichtige Rolle bei der Immunabwehr des Körpers. Bei schweren Infektionskrankheiten kann sie infolge der Beanspruchung schmerzhaft anschwellen.

Hildegard von Bingen führt diese Schwellung aber auch auf schädliche Speisen und Getränke zurück, die Magen und Blase beeinträchtigten und dadurch auf die Milz wirken könnten. Auch rohe Speisen könnten ihrer Meinung nach zu Schmerzen in der Milz führen.

Gewürzbrot

Zutaten:
1 kleines Stück Weizenbrot
etwas Obst- oder Weinessig
Kerbel
Dill

Zubereitung und Anwendung:
Das Weizenbrot mit den kleingehackten Kräutern bestreuen und mit etwas Essig beträufeln.
Täglich 1 oder 2 dieser Brote essen.
Hildegards Begründung für die Wirksamkeit:
> „Die milde Kälte des Kerbels beseitigt und heilt den Schmerz in der Milz, während die Kälte des Dills die Milz stärkt. Das Weißbrot läßt die Milz wachsen und der Essig reinigt sie durch seine Schärfe." (*Physica*)

Maroni gegen Milzleiden

Hildegard von Bingen schreibt, daß jemand, der unter Milzbeschwerden zu leiden hat, die Kerne von Edelkastanien rösten und sie so oft wie möglich warm essen sollte – davon „wird die Milz warm und strebt nach völliger Gesundheit". (*Physica*)
In der Winterzeit werden bei uns – vor allem in Süddeutschland – an vielen Straßenecken geröstete Maroni (Edelkastanien) angeboten, die nicht nur die Hände wärmen, gut schmecken, sondern auch gesund sind. Aber man kann sie auch selbst machen.

Zutaten:
1Handvoll Edelkastanien

Zubereitung und Anwendung:
Die ungeschälten Kastanien mit einem scharfen Messer kreuzweise auf der gewölbten Seite einritzen (sonst platzen sie später), auf ein mit etwas Wasser befeuchtetes Blech legen und bei 200 Grad eine Viertelstunde lang im Backofen backen.
Täglich 1Handvoll noch lauwarm essen.

Leinsamenpackung:

Zutaten:
100 g Leinsamen
Wasser

Zubereitung und Anwendung:
Die Leinsamen in dem Wasser 1/2 Stunde leise köcheln lassen, durch ein sauberes Küchenhandtuch abseihen und gut ausdrücken.
Mit einem Frotteehandtuch umwickeln (besser noch in ein Frottee- oder Leinensäckchen geben, damit der Leinsamen gut fixiert bleibt) und so heiß wie möglich auf die Milzgegend legen.
Hildegards Erklärung für die Heilwirkung:
> „Der Leinsamen ist warm und schleimig und durchdringt und heilt die Milz, wenn er durch die milde Wirkung des Wassers zu seiner Kraftentfaltung angeregt wird." (*Physica*)

Als weitere Heilmaßnahme empfiehlt Hildegard das Schröpfen. Bei Milzbeschwerden sollen die Schröpfköpfe vor allem an den Unterarmen angesetzt werden. Näheres darüber finden Sie unter „Die Ausleitungsverfahren" (s. Seite 15).

Als wirksame Edelsteine gegen Milzleiden empfiehlt Hildegard von Bingen Onyx und Topas. Näheres dazu finden Sie in *Edelsteintherapie.*

Müdigkeit

Siehe auch unter *Depressionen*, *Durchblutungsstörungen*.
Ständige Müdigkeit kann viele Ursachen haben – zuwenig
Schlaf, aber auch zuviel Schlaf, Überarbeitung, Blutarmut, seelische oder organische Erkrankungen. Nicht selten ist es der
Lichtmangel während der dunklen Winterzeit, der zur sogenannten Frühjahrsmüdigkeit führt. Die Gründe sollten bei längerem Anhalten dieser Müdigkeit gemeinsam mit dem Arzt abgeklärt werden.

Ein Symptom für chronische Müdigkeit ist etwa, daß man sich
am Morgen nach dem Nachtschlaf oft noch müder fühlt als am
Abend zuvor. Selbst geringe Anstrengungen führen zu schneller Ermüdung. Ganz allgemein herrschen Lustlosigkeit, Abge-
schlagenheit und teilweise die Unfähigkeit vor, überhaupt eine
Arbeit in Angriff zu nehmen.

Wermuttee

Für Hildegard von Bingen ist der Wermut „der wichtigste Mei-
ster gegen alle Erschöpfungszustände". (*Physica*)
Zutaten:
1 Prise getrocknetes oder frisches Wermutkraut
1 Tasse kochendes Wasser

Zubereitung und Anwendung:
Das Kraut mit dem kochenden Wasser übergießen und 1 Minu-
te ziehen lassen (nicht länger, sonst wird er zu bitter).
Dann abseihen und schlückchenweise trinken.
Davon täglich 1 Tasse trinken. Nach einem Monat zu einem
anderen Kräutertee wechseln, weil Wermut im Übermaß Nebenwirkungen wie Schwindel und Kopfweh nach sich ziehen
kann.

Was Sie sonst noch tun können:
- Täglich 2 bis 3 Tassen Brennesseltee trinken.
- Auch Johanniskrauttee und Selleriesaft wirken aufmunternd.
- Etwas Bewegung zwischendurch – möglichst an frischer Luft – kann mitunter die Müdigkeit sehr schnell verscheuchen.
- Ein kleiner Trick, dessen Wirkungsweise im Grunde nicht erklärbar ist: Zähneputzen macht munter.
- Wichtig ist eine vollwertige Ernährung – also viel Vollkornprodukte, Obst, Gemüse und Milchprodukte. Besonders hilfreich können Haferflocken und Bananen sein.

Nasenbluten

Nasenbluten kann durch äußere Einwirkung entstehen, etwa durch Schlag oder Stoß. Es kann allerdings seine Ursache auch in einer Mißbildung der Nasenscheidewand oder in erhöhtem Blutandrang haben. In den meisten Fällen ist Nasenbluten jedoch harmlos und tritt vor allem bei Kindern und Jugendlichen häufig auf.

Der erhöhte Blutandrang kann nach Hildegards Meinung auch durch seelische Probleme ausgelöst werden:

> „Bei Menschen, die in ihrem Innern großen Zorn oder Trotz hegen, dies aber aus irgendeinem Grund ... nicht äußern, brechen und platzen mitunter Gefäße ihres Gehirns, ihres Nackens und ihrer Brust und fließen dann durch die Nase aus." (*Causae et Curae*)

Kräuterpackung

Hier gibt Hildegard folgendes Rezept an:

> „Wenn starkes Nasenbluten auftritt, soll man Dill und die doppelte Menge Schafgarbe um Stirn, Schläfen und Brust des Betroffenen legen. Die Kräuter müssen frisch sein, weil ihre Kraft hauptsächlich durch ihr Grün wirkt. – Im Winter

pulverisiere man die getrockneten Kräuter, besprenge sie mit etwas Wein und gebe sie in kleine Säcklein.
Diese lege man ebenfalls auf Stirn, Schläfen und Brust."
(*Physica*)

Als wirksamen Edelstein gegen Nasenbluten empfiehlt Hildegard von Bingen den Karneol. Näheres darüber finden Sie in *Edelsteintherapie*.

Was Sie sonst noch tun können:
- Wichtig ist, das Blut ausfließen zu lassen. Das bedeutet, nicht – wie oft empfohlen wird – mit dem Kopf nach hinten zu liegen und die Nase zuzustopfen. Das Blut fließt wesentlich schneller ab und führt nicht zu Verschleimungen oder anderen Komplikationen, wenn man mit nach unten gebeugtem Kopf das Blut – z. B. über einem Waschbecken – einfach ablaufen läßt.
- Um Nasenbluten zu stoppen, gibt es einen Trick, der fast 100 prozentig funktioniert (obwohl bisher noch kein Wissenschaftler erklären konnte, weshalb). Einfach ein Stückchen saugfähiges Papier (Küchenkrepp, Papiertaschentuch oder einfach Toilettenpapier) unter die Zunge legen. In wenigen Minuten ist die Blutung in den meisten Fällen gestillt.

Nervosität

Siehe auch unter *Depressionen, Kopfschmerzen, Magenbeschwerden, Migräne, Schlafstörungen, Konzentrationsstörungen.*
Nervosität ist wohl eines der hauptsächlichen „Zivilisationsleiden" unserer Zeit. Soziale Veränderungen, ein immer anspruchsvoller werdendes Arbeitsleben, verändertes Freizeitverhalten, eine in jeder Beziehung immer schnellebiger werdende Zeit – das alles fordert seinen Tribut. Daraus können seelische und körperliche Erkrankungen aller Art entstehen.

Wichtig ist es, bei all diesen Anforderungen nicht „die eigene Mitte" zu verlieren. Hildegard von Bingen stellt alle Erkrankungen in einen spirituellen Zusammenhang – und hat damit praktisch die moderne psychosomatische Therapie vorweggenommen. Meditationstechniken führen nicht nur zur Entspannung, sondern auch zu unserem eigenen Selbst.

Als hilfreiche Edelsteine empfiehlt Hildegard den Achat und den Topas. Näheres dazu finden Sie im Band *Edelsteintherapie*.

Nervosität kann nicht nur durch geistige und körperliche Überanstrengung hervorgerufen werden. Auch physische Ursachen (z. B. Herzprobleme oder eine Schilddrüsenfehlfunktion) sowie eine falsche Ernährung können Ursachen sein. Tranquilizer zur „Ruhigstellung" lösen das Problem nicht und machen zudem oft süchtig. Bei anhaltender Nervosität empfiehlt sich das Gespräch mit einem erfahrenen Therapeuten.

Hildegards Nervenkekse
Zutaten:
1 geriebene Muskatnuß
1 geriebene Zimtstange
2 pulverisierte Gewürznelken
500 g Dinkelmehl
100 g Butter
1 Ei
etwas Honig zum Süßen

Zubereitung und Anwendung:
Die Zutaten gut miteinander verkneten und daraus kleine Plätzchen formen.
Diese bei geringer Hitze (etwa 180 Grad) ungefähr 10 Minuten im Backofen goldgelb backen.
Von diesen Keksen täglich bei Bedarf essen.

Was Sie sonst noch tun können:
- Oft hilft schon ein bewußtes Atmen. Das bedeutet vor allem eine langsame, tiefe Atmung, bei der länger aus- als eingeatmet wird. Die entsprechenden Techniken kann Ihnen ein Therapeut vermitteln. Aber es gibt inzwischen auch Volkshochschulkurse dazu und eine ausreichende Menge guter Literatur.
- Meditationstechniken wie Zen, Yoga und autogenes Training wirken nicht nur beruhigend und entspannend, sondern können auch zu einer neuen Sinnfindung führen.

Nierenleiden

Die häufigsten Erkrankungen der Niere sind wohl die Entzündungen. Diese werden oft durch eine Primärkrankheit ausgelöst, z. B. eine Erkältung oder Mandelentzündung oder Infektionskrankheiten wie Scharlach. Symptome sind Wasseransammlungen im Körpergewebe (anfangs vor allem an den Augenlidern), Müdigkeit, Kopfschmerzen und Fieber. Der Urin ist meistens dunkel gefärbt.

Eine andere Nierenerkrankung ist die Nierenbeckenentzündung, die durch Bakterien verursacht wird. Symptome sind plötzliche Übelkeit, hohes Fieber, Schüttelfrost, Kopfweh und Schmerzen in der Nierengegend. Der Urin ist trüb.

Nierensteine verursachen in vielen Fällen keine Beschwerden, selbst wenn sie recht groß sind. Entsteht allerdings ein Harnstau in der Niere, kann es zu Schmerzen kommen, die von der Niere bis zur Blase und zur Lende ausstrahlen.

Hildegards Nierensalbe

Zutaten:
Weinraute und Wermut (frisch oder getrocknet)
etwas reines Schweineschmalz (Hildegard empfiehlt zwar Bärenfett – aber dieses ist bei uns wohl kaum erhältlich; die wärmenden Eigenschaften des Schweineschmalzes sollten jedoch in etwa denen des Bärenfettes entsprechen.)

Zubereitung und Anwendung:
Die Kräuter im Mörser zerstoßen und mit dem Schmalz zu einer Salbe vermischen.
Die Salbe auf den schmerzenden Stellen verreiben.

Was Sie sonst noch tun können:
- Die Nieren – besonders wenn sie krank sind – möchten warm gehalten werden. Deshalb sollten Sie die entsprechende Unterwäsche (z. B. aus Angora) tragen.
- Nieren wollen immer gut durchspült werden, um funktionieren zu können. Trinken Sie deshalb viel – mindestens zwei Liter Flüssigkeit am Tag. Am besten sind Mineralwasser und Kräutertee.

Ohrenbeschwerden

Hierbei kann es sich um Schmerzen – wie z. B. die besonders bei Kindern häufig auftretende Mittelohrentzündung – handeln, aber auch um ein nachlassendes Hörvermögen.

Hildegard von Bingen führt manche vorübergehenden Hörstörungen auf Magenerkrankungen zurück, wobei sich das Phlegma bis zum Kopf ausbreiten kann. Solche Störungen gehen entweder von selbst wieder zurück oder können leicht behandelt werden.

Gundelrebe gegen Ohrensausen

In ihrer *Physica* empfiehlt Hildegard folgendes Verfahren: Frisches oder getrocknetes Gundelrebenkraut in Wasser einige Minuten leicht köcheln lassen, dann ausdrücken und in einem Tuch so warm wie möglich auf die Ohren legen. Mit einem Schal – oder bei Kindern mit einer Mütze – fixieren.

Als weitere Heilmaßnahme empfiehlt Hildegard die Behandlung mit Brennkegeln. Näheres dazu finden Sie unter „Die Ausleitungsverfahren" (s. Seite 16).

Als wirksames Metall gegen Ohrenbeschwerden empfiehlt Hildegard von Bingen das Gold, als wirksame Edelsteine Sarder und Jaspis. Näheres finden Sie in *Edelsteintherapie.*

Was Sie sonst noch tun können:
- Ein wirksames Heilmittel gegen die überaus schmerzhaften Mittelohrentzündungen, die bei Kindern häufig auftreten, ist eine Zwiebelpackung. Dazu eine Zwiebel schälen, hacken und ohne Fett kurz anrösten. Noch warm in ein Mullsäckchen geben (das man leicht mit ein paar Stichen aus einem Stückchen Mullbinde herstellen kann) und auf das schmerzende Ohr legen. Am besten mit einer Ohrenklappenmütze oder einem Kopftuch fixieren. Meistens werden dadurch selbst die schlimmsten Schmerzen innerhalb kürzester Zeit behoben.
- Als Vorsorgemaßnahme gegen Mittelohrentzündung empfiehlt es sich, Kinder vor allem in der kühleren Jahreszeit nicht mit ungeschützten Ohren ins Freie zu lassen.

Rheuma

Siehe auch unter *Gicht.*
Alle Angaben, die Hildegard von Bingen zum Thema Gicht macht, betreffen auch rheumatische Erkrankungen, da man damals noch nicht so genau zwischen den beiden Krankheitskomplexen unterschied.

Unter dem Sammelbegriff „Rheuma" faßt man alle Krankheiten des Bewegungsapparates zusammen, die Schmerzen auslösen und die Beweglichkeit behindern. Dazu gehört also jedes Ziehen und Reißen in den Gelenken ebenso wie Muskelverspannungen, Sehnenentzündungen, schmerzende Gelenke, Ischias, Hexenschuß und Kreuzweh bis hin zu schweren, entzündlichen Formen, die zu Verkrüppelungen der Gelenke führen können. Die Medizin kennt etwa 400 verschiedene Erscheinungsformen.

Goldkur

Zur Linderung, aber auch zur Vorbeugung empfiehlt die Hildegard-Medizin hier die von Hildegard zur Behandlung der Gicht empfohlene Goldkur.
Zutaten:
0,6 g reines Goldpulver (entweder aus einem auf Hildegardpräparate spezialisierten Versand oder Geschäft oder vom Apotheker)
4 EL Dinkelmehl
etwas Wasser

Zubereitung und Anwendung:
Für den 1. Tag verkneten Sie 0,6 g Goldpulver mit 2 EL Dinkelmehl und etwas Wasser zu einem Teig und formen daraus kleine Küchlein, die Sie am nächsten Morgen roh auf nüchternen Magen essen.
Für den 2. Tag backen Sie diese Küchlein bei niedriger Hitze (etwa 180 Grad) goldgelb und essen sie ebenfalls nüchtern vor dem Frühstück.
Nach Hildegards Angaben hilft diese Kur für ein ganzes Jahr.
Eine gute Ergänzung dazu ist der in Spezialgeschäften erhältliche Goldwein nach Hildegards Rezept.

Was Sie sonst noch tun können:
- In vielen Fällen hilft eine Akupunktur. Erkundigen Sie sich nach einem erfahrenen Therapeuten!
- Kneippkuren – also in der Hauptsache Wasseranwendungen – können manchmal wahre Wunder bewirken.

- Auch die Ernährung ist ein wichtiger Faktor bei der Rheuma-
bekämpfung. Eine vollwertige, vitaminreiche Ernährung
kann nicht nur vorbeugend, sondern auch heilend wirken.
Näheres dazu finden Sie in den Bänden *Dinkelkochbuch*,
Ernährungslehre, *Küche aus der Natur.*

Rückenschmerzen

Siehe auch unter *Gicht, Rheuma.*
Viele Gründe können zu Rückenschmerzen führen, unter denen
heute wohl jeder Mensch gelegentlich oder – im schlimmsten
Fall – ständig leidet. Oft ist es eine falsche Körperhaltung –
vor allem bei einer stehenden oder sitzenden Arbeit, die den
Rücken immer stärker belastet und so zu ständigen Schmerzen
führt. Manchmal sind es aber auch seelische Probleme, die einem im wahrsten Sinne des Wortes „das Rückgrat" nehmen.
Bandscheibenprobleme, Hexenschuß, rheumatische Beschwerden (deren Ursachen fast im ganzen Körper, sogar im Zahn-
bereich, zu finden sind), aber auch organische Krankheiten
können zu Rückenschmerzen führen. Bei länger anhaltenden
und sehr heftigen Schmerzen sollte unbedingt ein Arzt konsultiert werden.

Entspannungswein
Hildegard rät in Fällen von Rückenschmerzen zu einem entspannenden Galgantwein.
Zutaten:
1 TL kleingeschnittene Galgantwurzeln
1/4 l Landwein

Zubereitung und Anwendung:
Die Wurzeln mit dem Wein aufkochen und auf kleiner Flamme
einige Minuten sanft köcheln lassen. Dann abseihen.
Von diesem Wein täglich hin und wieder ein Likörglas – möglichst warm – trinken.

Hildegards Erklärung für die Heilkraft des Galgant:
„Er ist ganz warm und ohne Kälte und ist heilkräftig."
(*Physica*)

Weizenauflage

Für die äußere Anwendung rät Hildegard in ihrer *Physica* zur
Verwendung von Weizenkornauflagen.
Zutaten:
500 g Weizenkörner
gut 1 l Wasser

Zubereitung und Anwendung:
Den Weizen weichköcheln lassen, dann abgießen und die noch
warmen Körner in ein Säckchen oder einen kleinen Kissen-
bezug geben.
Diesen mit einem dicken Frotteetuch umwickeln (damit es
nicht zu Verbrennungen am Rücken kommt) und auf die
schmerzende Stelle legen. Gut zudecken und 2 bis 3 Stunden
lang einwirken lassen.
Hildegards Erklärung für die Wirksamkeit dieser Behandlung
ist, daß der Weizen seiner Natur nach warm sei und durch diese Wärme die Schmerzen vertreiben könne.

Als weitere Heilmaßnahme empfiehlt Hildegard die Behandlung mit Brennkegeln. Näheres dazu finden Sie unter „Die
Ausleitungsverfahren" (s. Seite 16).

Als wirksamen Edelstein gegen Rückenschmerzen empfiehlt
Hildegard von Bingen den Jaspis, der auf die schmerzende
Stelle aufgelegt wird. Näheres finden Sie in *Edelsteintherapie*.

Was Sie sonst noch tun können:
- Da eine falsche Körperhaltung sehr häufig zu Rückenschmerzen führt, empfiehlt sich hier eine gezielte Gymnastik oder
  eine sanfte Sportart – etwa Radfahren oder Schwimmen. Vie-

le Sportvereine bieten heute eine sogenannte Rückenschule an – durch die Übungen wird oft mehr geholfen als durch Medikamente oder ärztliche Eingriffe.

- In den meisten Fällen ist Wärme ein heilsamer Faktor bei Rückenbeschwerden – etwa warme Bäder, Einreibungen und Packungen, angemessene Kleidung (z.B. Angorawäsche).
- Oft helfen Massagen, um Rückenschmerzen für längere Zeit zu beseitigen. Sprechen Sie mit Ihrem Arzt darüber, oder gehen Sie direkt zu einer Massagepraxis.

Ruhr

Die Ruhr, auch Dysenterie genannt, ist eine mit heftigen Durchfällen verbundene Darmerkrankung. Oft wird sie durch mangelnde Hygiene oder durch infizierte Nahrungsmittel oder verunreinigtes Trinkwasser, aber auch durch Übertragung hervorgerufen. Bei leichten Formen kommt es nach raschem Fieberanstieg, Übelkeit und Erbrechen zu krampfartigen Leibschmerzen mit wäßrigen Durchfällen. Schwere Fälle oder die (meldepflichtige) Bakterien-Ruhr können durch den Verlust an Wasser und Mineralien zu Austrocknung und schweren Schockzuständen führen.

Hildegard von Bingen führt die Ruhr auf ein Überhandnehmen schädlicher Säfte im menschlichen Körper zurück. Diese lösten eine Art Überschwemmung in den Gefäßen aus, aus denen dann zuviel Blut abfließe, und zwar in verkehrter Richtung. Dieses Blut mische sich auch in die Verdauungsorgane und trete mitunter beim Stuhlgang aus.

Heilkekse

Zutaten:
2 Eidotter
100 g Weizenmehl

Zubereitung und Anwendung:
In einer beschichteten Pfanne das Eigelb leicht stocken lassen, das Mehl daruntermischen und die Masse etwas abkühlen lassen. Dann kleine Kuchen daraus formen und diese im abgekühlten Backofen oder bei niedrigster Hitze trocknen lassen.
Jeweils einen Keks nach einem leichten Imbiß essen.
Hildegards Begründung für die Heilwirkung der Kekse: Das Fett des Eigelbs und die Wärme und Stärke des Weizens wirkten dem Durchfall entgegen.

Zur Ernährung rät Hildegard folgendes:
- Da die inneren Säfte eines Ruhrpatienten erkaltet sind, sollte er nur erwärmte Speisen zu sich nehmen.
- Empfehlenswert sei alles, was weich ist und einen zarten Geschmack hat, also Huhn und anderes weiches Fleisch sowie Fische.
- Gemieden werden sollten Hering, Lachs, Rindfleisch, Käse, rohes Gemüse, Roggen- und Gerstenbrot, alles Gebratene (außer gebratenen Birnen).

Schlafstörungen

Zu Schlafstörungen kann es aus den verschiedensten Gründen kommen. Manchmal hat man nur zu schwer gegessen, oder die Raumtemperatur im Schlafzimmer stimmt nicht. Halten Schlafstörungen aber über einen längeren Zeitraum an, sollte man nach den Ursachen suchen. Gibt es schwere seelische Belastungen – etwa im Beruf oder in der Familie? Oder liegt eventuell eine körperliche Ursache vor? Auf jeden Fall sollten Sie einen Arzt aufsuchen, der Ihnen grundlegend helfen kann. Denn genauso, wie der Mensch Essen und Trinken braucht, benötigt er seinen Schlaf als „Lebensmittel". Ein durch Tabletten herbeigeführter Schlaf kann immer nur ein „künstlicher" Schlaf sein, der nicht die nötige Erfrischung bringt. Deshalb sollten Sie möglichst auf solche Medikamente verzichten.

Hildegard von Bingen schreibt, daß der Schlaf das „Mark" des Menschen wachsen lasse. Dadurch würden die Knochen gestärkt, die Blutbildung werde unterstützt und überhaupt der ganze Körper gekräftigt. Sie vergleicht den Schlaf des Menschen mit der Winterruhe der Pflanzen, deren Wurzeln im Winter ja auch ihre Wachstumskraft in sich behalten und diese im Sommer in Gestalt von Blüten entfalten.

Auch beim Schlaf ist das richtige Maß zu beachten. So schreibt Hildegard von Bingen, daß zuviel Schlaf zu Krankheiten führen kann. Das gleiche gilt aber auch für zuwenig Schlaf:

> „Wer aber zuviel wacht, wird körperlich schwach, büßt viele Kräfte ein und verliert auch teilweise sein Empfindungsvermögen." (*Causae et Curae*)

Zudem röten sich seine Augen und schmerzen.

Salbei-Kompresse

Zutaten:
etwas frischer oder getrockneter Salbei
etwas Wein

Zubereitung und Anwendung:
Den Salbei in etwas Wein legen, einige Stunden lang ziehen lassen.
Abseihen und in dem Wein zwei Kompressen einweichen.
Die eine aufs Herz, die andere um den Hals legen.
Hildegards Erklärung für die Wirksamkeit dieser Kompresse:
Die Wärme des Salbeis lasse das Herz langsam und ruhig schlagen und führe dadurch einen ruhigen Schlaf herbei.

Speisemohn

Hierbei handelt es sich um ein altbekanntes Mittel zum Einschlafen, das Hildegard von Bingen bereits in ihrer *Physica* empfiehlt. Man kann die Mohnkörner kochen, aber Hildegard hält sie für wirksamer, wenn sie roh gegessen werden. Zum Einschlafen abends 1 Eßlöffel Speisemohnkörner essen oder etwas Mohngebäck knabbern.

Im selben Buch rät Hildegard zu einem recht kuriosen Einschlafmittel: Man solle sich die Knochen des Eisvogels unters Kopfkissen legen. Da der Eisvogel bei uns (Gott sei Dank!) unter Naturschutz steht, wird es schwierig sein, dieses Rezept auszuprobieren.

Was Sie sonst noch tun können:
- Abends sollten Sie nicht zu schwer essen, weil dies die Verdauungsorgane so stark belasten könnte, daß es zu Einschlafproblemen kommt. Andererseits hilft aber oft eine kleine Süßigkeit beim Ein- und Durchschlafen.
- Ein Glas Wein oder Bier (letzteres ist besonders durch den beruhigenden Hopfen empfehlenswert) können ein sehr gutes Einschlafmittel sein.
- Ein kleiner Spaziergang vor dem Schlafengehen kann ebenfalls zur Beruhigung der Nerven und damit zu einem besseren Schlaf beitragen.
- Gehen Sie möglichst jeden Abend zur gleichen Zeit zu Bett und gewöhnen Sie sich einige „Einschlafrituale" an – etwa, daß Sie noch ein Glas warme Milch oder einen beruhigenden Tee (Kamille, Baldrian o.ä.) trinken.
- Bei Durchschlafschwierigkeiten gibt es einen kleinen Trick, der fast immer wirkt: Legen Sie die Bettdecke neben sich, bis Sie zu frieren beginnen. Meistens bewirkt die darauf folgende Bettwärme ein ruhiges Wiedereinschlafen.

Schluckauf

Beim Schluckauf handelt es sich um ein schnelles, unwillkürliches Zusammenziehen des Zwerchfells. Es ist zwar lästig, aber meistens harmlos. Oft ist es durch eine Magenreizung, etwa durch hastiges Essen oder durch das Trinken alkoholischer oder kohlensäurehaltiger Getränke verursacht.

Hildegard sieht die Ursache für den Schluckauf hauptsächlich in der „Kälte des Magens". (*Causae et Curae*) Sie vergleicht ihn mit dem Zähneklappern, das auch auf eine innere Kälte zurückzuführen sei.

Zuckerwasser

Zubereitung und Anwendung:
Reichlich Zucker in etwas warmem Wasser auflösen und warm trinken.
Hildegards Begründung für die Wirksamkeit dieses Rezeptes:
- Das warme Wasser vertreibe die trockene Kälte, die den Schluckauf verursache.
- Auch der Zucker vermindere diese Trockenheit.
   (Oft reicht es schon, einen Löffel Zucker zu schlucken.)

Was Sie sonst noch tun können:
- Die Ohren zuhalten und bei angehaltenem Atem 5mal hintereinander schlucken.
- Oft hilft auch eine Ablenkung – etwa, daß man durch etwas „erschreckt" wird (Telefon- oder Türklingel).

Schmerzen

Schmerzen können durch die unterschiedlichsten Ursachen auftreten, z. B. durch innere Erkrankungen (besonders gravierend wäre hier eine Kolik oder eine Blinddarmentzündung) oder durch äußere Einwirkung (durch einen Unfall oder durch eine Verletzung im Haushalt oder beim Sport).
Interessant ist, daß die sogenannte Schmerzschwelle des Menschen zu verschiedenen Zeiten unterschiedlich hoch sein kann (z. B. bei Zahnarztbesuchen, Spritzen usw.). Dies hängt immer mit der jeweiligen psychischen Befindlichkeit des Menschen

zusammen – manche Schmerzen lassen sich leichter ertragen als andere (man denke nur an die Schmerzen bei der Geburt eines Kindes, die viele Mütter wissentlich mehrfach auf sich nehmen!).

Außerdem gibt es Schmerzen, deren Ursachen nicht genau zu lokalisieren sind, was oft zu langen und leidvollen Erfahrungen der Betroffenen führt. Deshalb gibt es inzwischen spezielle „Schmerzkliniken", die den Ursachen auf die Spur zu kommen und so den Patienten zu helfen suchen. Oft werden dabei alternative Heilmethoden wie etwa die Akupunktur eingesetzt.

Bei häufigen oder heftigen Schmerzen sollte unbedingt ein Arzt aufgesucht werden. Denn letztlich ist der Schmerz keine Krankheit, sondern lediglich ein Symptom, das auf eine möglicherweise ernsthafte Erkrankung hinweist.

Hirschzungenpulver als Erste Hilfe

Als Erste Hilfe empfiehlt Hildegard die pulverisierte Hirschzunge. Dieses Pulver ist in der Apotheke oder im auf Hildegard-Medikamente spezialisierten Fachhandel erhältlich. (Man kann es zwar selbst herstellen, aber da die Hirschzunge unter Naturschutz steht, sollte man davon absehen.)

> „Man lecke das Hirschzungenpulver aus der Hand oder trinke es in warmem Wein. Dann wird es dem Schmerzleidenden bessergehen." (*Physica*)

Was Sie sonst noch tun können:
- Durch verschiedene Entspannungstechniken – z. B. Yoga, verschiedene Arten von Meditation, autogenes Training – kann die Schmerzschwelle erhöht werden. Kurse werden von verschiedenen Therapeuten, aber auch bei Volkshochschulen angeboten.
- Schmerzen haben in vielen Fällen nicht nur körperliche Ursachen, sondern sind gewissermaßen ein „Aufschrei der Seele".

Im Zweifelsfalle sollte deshalb ein Psychotherapeut zu Rate gezogen werden.

Schnupfen

Der Schnupfen ist in den meisten Fällen eine Begleiterscheinung von Erkältungskrankheiten und grippalen Infekten. Er kann durch Kälte oder Viren, aber auch durch beides gleichzeitig ausgelöst werden. Im Grunde ist der Schnupfen eine gesunde Abwehrreaktion des Körpers, mit dem dieser sich von störenden Schleimstoffen befreit.

Hildegard von Bingen hat dafür einen schönen Vergleich:
> „So reinigen sich auch die Sterne in der Luft, und auch die Erde stößt gewisse schmutzige, übelriechende Stoffe ab." (*Causae et Curae*)

Sie hält das Schneuzen für eine sehr wichtige Funktion des menschlichen Organismus, durch die dieser ständig feucht gehalten werde (was für die empfindlichen Schleimhäute sehr wichtig ist).
> „Die kalten, feuchten, übelriechenden Säfte sammeln sich an den Ausgängen der Nase und der Kehle – denn das Gehirn kann sie nicht vertragen, sondern gibt sie zur Reinigung des Menschen ab und befördert sie durch einen Luftstoß hinaus." (*Causae et Curae*)

Die Folgen eines fehlenden Schleimflusses aus der Nase beschreibt sie sehr drastisch folgendermaßen:
> „Würde diese Reinigung beim Menschen auf irgendeine Weise verhindert, würde er die Sinne verlieren und austrocknen, weil der Magen zugrunde gehen und das Gehirn verfaulen würde." (*Causae et Curae*)

Sie vergleicht diese Körperfunktion mit dem Meer, das auch keinen Unrat verträgt, sondern diesen an Land wirft.

Fenchel-Dill-Inhalation

Zutaten:
4 Teile Dill
1 Teil Fenchel

Zubereitung und Anwendung:
Nach Hildegards Angaben sollen diese Kräuter auf einem im Feuer erhitzten Dachziegel zum Rauchen gebracht und die Dämpfe dann eingeatmet werden.
Man kann aber genausogut ein Inhalations-Dampfbad daraus zubereiten.
Dazu werden die Kräuter mit kochendem Wasser übergossen. Man beugt sich über die Schüssel mit dem Kräuteraufguß, nimmt ein großes Handtuch über den Kopf, damit die heilsamen Dämpfe in den Nasen-Rachen-Raum aufsteigen können, und inhaliert, bis das Wasser abzukühlen beginnt.
Hildegard rät außerdem, bei Schnupfen Dill und Fenchel in den Speisen zu sich zu nehmen, z. B. auch in pulverisierter Form auf einem Stück Brot.

Ihre Begründung für die Wirksamkeit dieser Behandlung:
- Wärme und Feuchtigkeit des Fenchels sammelten die Säfte, die nicht auf die richtige Art und Weise ausströmen könnten und den Schnupfen verursachten.
- Die trockene Kälte des Dills trockne diese schädlichen Säfte aus.

Bertram

Auch der Bertram ist ein wichtiges Gewürz bei der Schnupfenbehandlung, das man in Erkältungszeiten möglichst oft den Speisen beigeben sollte. Gerade bei Nebenhöhlenerkrankungen kann er sehr wirksam sein.

Weihrauch

Gegen Schnupfen empfiehlt Hildegard auch den Weihrauch, weil dieser „das Gehirn reinigt". (*Physica*) Am einfachsten ist es, bei Schnupfen Weihrauch-Räucherstäbchen anzuzünden. Wer ein Stück Elfenbein im Haus hat, sollte dieses in der Sonne erwärmen und auf die Nase legen, bis auch diese sich erwärmt. Laut Hildegard soll dieses Verfahren sehr wirksam gegen Schnupfen sein.

Als wirksamen Edelstein gegen Schnupfen empfiehlt Hildegard von Bingen den Jaspis. Näheres dazu finden Sie in *Edelsteintherapie*.

Was Sie sonst noch tun können:
- Bei verstopfter Nase – wenn der Schnupfen nicht abfließen will – hilft mit großer Sicherheit ein Fußbad. Stellen Sie Ihre Füße dazu in eine Schüssel mit gerade noch erträglich heißem Wasser, und gießen Sie nach und nach heißes Wasser dazu, bis die Füße sich röten. Dann gut abfrottieren und warme Socken anziehen.

Schüttelfrost

Siehe auch unter *Fieber*.
Der Schüttelfrost ist – wie das Fieber – keine Krankheit, sondern lediglich eine Begleiterscheinung von Primärerkrankungen, z. B. von Infektionen. Dabei erfolgt nach einem raschen Temperaturanstieg mit Schweißbildung ein akutes Kältegefühl, das von „Gänsehaut" begleitet wird. Auch ein Zittern des ganzen Körpers und sogar Zähneklappern können auftreten.

Hildegards Aloe-Wein

Zutaten:
10 g Andornpulver

12 g Aloepulver
10 g Süßholzpulver
8 g Lorbeerpulver
1 l Landwein
Honig nach Geschmack

Zubereitung und Anwendung:
Die Kräuterpulver mit dem Wein einige Minuten kochen lassen. Währenddessen den Honig im Wasserbad erwärmen und unter den Wein rühren.
In eine Flasche abfüllen und vor Gebrauch leicht schütteln.
Von diesem Wein nach Bedarf 1 Likörglas trinken.

Übergewicht

Übergewicht hat neben körperlichen (etwa einer Drüsenfehlfunktion) häufig seelische Gründe, die zum sogenannten Frustessen führen. Sehr oft sind falsche Ernährungsgewohnheiten die Ursache dafür, daß sich überflüssige Pfunde ansammeln, die nicht selten die Gesundheit beeinträchtigen. In unserer dem Schlankheitsideal verschriebenen Gesellschaft kommen ständig neue Diäten auf den Markt, von denen die meisten nach Angaben von Ärzten und Ernährungswissenschaftlern mehr oder weniger wirkungslos, wenn nicht sogar – etwa wegen der vorgeschlagenen einseitigen Kost – schädlich sind.

Das Idealgewicht kann nicht unbedingt durch eine Formel – die sich z. B. aus Alter, Körpergröße usw. zusammensetzt – errechnet werden. Diese bietet immer nur einen groben Anhaltspunkt. Als wichtig sieht man inzwischen das „Wohlfühlgewicht" an – also das Gewicht, bei dem sich ein Mensch seelisch und körperlich gut fühlt.
Bei einer Reduktionsdiät sollte man darauf achten, daß sie nicht einseitig ist, sondern Vitamine, Ballaststoffe usw. in ausgewogener Zusammensetzung enthält. Außerdem sollte es eine

„sanfte" Diät sein, bei der maximal 1 Kilogramm pro Woche abgenommen werden soll. Sogenannte Blitzdiäten, die eine schnellere Abnahme versprechen, führen zum „Jojo-Effekt". Das bedeutet, daß die abgenommenen Pfunde sehr schnell wieder da sind, was dazu führt, daß sich viele Menschen nach der nächsten Diät umsehen – mit einem ähnlichen Ergebnis. Eine ausgewogene Ernährung, wie sie in den Bänden *Ernährungslehre* und *Küche aus der Natur* beschrieben wird, sowie vernünftiges Fasten, wie in dem Band *Heilendes Fasten* beschrieben, führen zu einer dauerhaften Gewichtsreduktion ohne gesundheitliches Risiko.

Hildegard von Bingen führt in ihrem Buch *Causae et Curae* Übergewicht auf zu fette Speisen zurück. In einem besonderen Absatz geht sie auch auf die „Freßlust" ein: Wenn Menschen trunksüchtig sind und zudem noch zu üppige Speisen zu sich nähmen, könne dies – bei sonst guter Gesundheit – zu Hautgeschwüren führen.

Als heilsamen Edelstein bei Übergewicht empfiehlt Hildegard von Bingen den Diamanten, der vor übermäßiger Eßlust schützen soll. Näheres dazu finden Sie im Band *Edelsteintherapie*.

Was Sie sonst noch tun können:
- Bei nervöser Eßlust geht es im wesentlichen darum, etwas „zwischen den Zähnen" zu haben. Hier können vor allem Möhren helfen, die nicht nur Ballaststoffe liefern (und dadurch ein Sättigungsgefühl hervorrufen), sondern dem Körper auch wichtige Vitamine zuführen.
- Um das Hungergefühl zu besänftigen, ist Mineralwasser wegen des Kohlensäuregehaltes gut geeignet.

Verbrennungen

Zu Verbrennungen kann es durch Unfälle und übermäßige Sonnenbestrahlung kommen. Schwere und großflächige Verbrennungen müssen sofort vom Arzt behandelt werden, weil es sonst zu irreparablen Hautschädigungen kommen kann.

Leinsamenauflage

In ihrer *Physica* empfiehlt Hildegard von Bingen Leinsamenwasser zur Schmerzlinderung und Wundheilung.
Zutaten:
1 Handvoll Leinsamenschrot
1 l Wasser

Zubereitung und Anwendung:
Das Leinsamenschrot etwa 10 Minuten lang kochen, dann abseihen.
Die Flüssigkeit auf Körpertemperatur abkühlen lassen, ein sauberes Leinentuch darin tränken und auf die verbrannte Stelle legen. Immer wieder anfeuchten, damit das Tuch nicht auf der Haut antrocknet.

Was Sie sonst noch tun können:
- Bei Verbrennungen und Verbrühungen, wie sie durch heißes Fett oder Wasserdampf immer wieder einmal in der Küche vorkommen können, ist die schnellste und wirksamste Hilfe, die Hand oder den Arm für einen Moment ins Tiefkühlfach zu legen.
- Ein Mittel, das Hildegard von Bingen noch nicht kennen konnte, ist das australische Teebaumöl. Einfach einige Tropfen sanft auf der Wundstelle verstreichen – der Schmerz läßt dann sehr schnell nach, und die Haut heilt rasch.

Verdauungsstörungen

Siehe auch unter *Durchfall*, *Verstopfung*.

Verdauungsstörungen können als Begleiterscheinungen anderer Erkrankungen auftreten. Bei länger anhaltenden Problemen sollte deshalb der Arzt aufgesucht werden, um die Ursache abzuklären. Oft liegt der Grund im seelischen Bereich, weil man auch im übertragenen Sinn etwas nicht „verdauen" kann. In diesem Fall sollte man zunächst eine Lösung für das auslösende Problem suchen, nötigenfalls mit Hilfe eines Therapeuten.

Es ist interessant, daß die Naturheilkunde die beiden Extreme der Verdauungsstörungen – Durchfall und Verstopfung – oft mit den gleichen Mitteln behandelt. Der Grund dafür ist, daß nicht „am Symptom kuriert" werden soll, sondern eine Harmonisierung des Allgemeinzustandes angestrebt wird.

Hildegard von Bingen empfiehlt bei Verdauungsstörungen die Brunnenkresse:

> „Wer gegessene Speisen kaum verdauen kann, der dünste Brunnenkresse in einer Schüssel und esse sie, und sie wird ihm helfen." (*Physica*)

Hildegard begründet die Wirksamkeit der Brunnenkresse damit, daß ihre Kräfte aus dem Wasser stammten und so auch die wäßrigen Bestandteile im Darm des Menschen aktivieren könnten.

Auch Süßholz normalisiert die Verdauung. Man kann es als Pulver mit etwas Wein vermischen und nach den Mahlzeiten trinken. Zudem kann das Essen von Lakritzkonfekt die Verdauung regulieren.

Kräuterpulver

Das folgende, von Hildegard empfohlene Kräuterpulver sorgt auch ganz allgemein für körperliches Wohlbefinden:

„Es erhält dem gesunden Menschen die Gesundheit, den Kranken aber stärkt es. Es verhilft dem Menschen zu guter Verdauung, gibt ihm Kraft und eine schöne, gesunde Gesichtsfarbe. Es nützt jedem Menschen, ob gesund oder krank, wenn es nach dem Essen genommen wird." (*Causae et Curae*)

Zutaten:

32 g Fenchelsamen
16 g Galgant
8 g Diptam
4 g Habichtskraut

Zubereitung und Anwendung:
Alle Kräuter im Mörser pulverisieren, dann durch ein feines Sieb schütten.
Von diesem Pulver nimmt man täglich nach der Hauptmahlzeit 1/2 Teelöffel – entweder auf einem Stückchen Brot oder in einem Schluck Wein.

Ob getrocknete Löwenleber – wie von Hildegard in ihrer *Physica* empfohlen – wirklich gegen Verdauungsstörungen hilft, wird kaum zu überprüfen sein. Das gleiche gilt für ihren Hinweis, daß eine noch warme Tigerleber, auf den Magen gelegt, für eine gute Verdauung sorge.

Was Sie sonst noch tun können:
- Wichtig ist eine ausgewogene Ernährung, die viele Ballaststoffe enthält. Vollkornprodukte können hier eine regulierende Wirkung haben.
- Auch Bewegung kann die Verdauung positiv beeinflussen. Das gilt vor allem für Menschen mit vorwiegend sitzender Lebensweise. Eine leichte Gymnastik, Schwimmen, Spazierengehen und Radfahren können oft Medikamente ersparen.

Verstopfung

Siehe auch unter *Verdauungsstörungen*

Darunter versteht man die verzögerte oder erschwerte Darmentleerung. Normalerweise sollte der Darm täglich entleert werden, und der Stuhl sollte sich leicht absetzen. Durch Streß, aber auch durch falsche Ernährung kann es dabei zu Problemen kommen, die zu gesundheitlichen Beeinträchtigungen führen können.

Viele der im Handel erhältlichen Abführmittel (vor allem, wenn ihnen auch noch eine schlankmachende Wirkung nachgesagt wird) greifen die empfindliche Darmflora zu sehr an. Achten Sie deshalb darauf, daß es sich bei Abführmitteln auch wirklich um rein pflanzliche Produkte handelt, die eine sanfte Wirkung haben!

Flohsamenwasser

Das wirksamste Mittel der Hildegard-Medizin gegen Verstopfung ist der Flohsamen, bei dem es sich um den Samen einer Spitzwegerichart handelt. Der Samen ist sehr quellfähig – darin beruht seine abführende Wirkung –, deshalb muß während seiner Einnahme ausreichend getrunken werden (mindestens 3 Liter pro Tag).

Zutaten:
1 TL Flohsamen
1 Tasse lauwarmer Tee

Zubereitung und Anwendung:
Den Flohsamen eventuell vorher 1/2 Stunde lang quellen lassen. Dann mit dem Tee hinunterspülen.

Auch die Minze empfiehlt Hildegard von Bingen gegen Darmträgheit und Verdauungsschwäche:

„Wer einen kalten Magen hat und deshalb die Nahrung nicht verdauen kann, der esse die Minze roh oder mit Fleisch- oder Fischgerichten. Denn sie wärmt den Magen und sorgt für eine gute Verdauung." (*Physica*)

Pfefferminze eignet sich nicht nur als Fleisch- und Fischwürze, sondern auch als Kraut für den Salat.

Auch die Bachbunge – wenn sie erhältlich ist – ist ein gutes Mittel gegen die Verstopfung. Man kann sie als leckeren Spinat servieren:

„Ihrer Natur nach ist die Bachbunge warm. Wenn man daraus unter Beigabe von etwas Fett einen Spinat kocht, kann man damit seinen Bauch erleichtern wie durch einen Abführtrank." (*Physica*)

Was Sie sonst noch tun können:
- Überprüfen Sie Ihre Ernährung! Ballastreiche, vitaminhaltige Vollwertkost verhindert Verstopfungen und kann bestehende Leiden heilen. Also viel Obst, Gemüse und Vollkornprodukte in den Speiseplan aufnehmen.
- Oft wird eine Verstopfung durch vorwiegend sitzende Lebensweise (vormittags im Büro, dann im Auto, abends vor dem Fernseher) verursacht oder begünstigt. Sorgen Sie deshalb für Bewegung! Wenn Sie keinen Sport treiben, sollten Sie jeden Tag einen kleinen Spaziergang machen – statt des Fahrstuhls lieber die Treppen nehmen, Gymnastik treiben, schwimmen usw.
- Oft helfen auch Dörrpflaumen, die man am Vorabend einweicht und dann zum Frühstück ißt. Es gibt auch fertigen Dörrpflaumensaft; dieser ist im Reformhaus und in vielen Supermärkten erhältlich.
- Nehmen Sie sich Zeit für Ihren Stuhlgang! Oft hilft es schon, ein Buch oder eine Zeitschrift mit auf die Toilette zu nehmen.

Wassersucht

Dabei handelt es sich um eine krankhafte Ansammlung von Körperflüssigkeiten im Bauchraum, im Brustraum, im Herzbeutel, in den Gelenken oder auch im Gewebe. Der Grund ist eine Störung des Flüssigkeitsgleichgewichtes zwischen den Blutgefäßen und dem Gewebe.

Hildegard führt die Wassersucht auf das schwermütige Naturell eines Menschen zurück. Dadurch werde das Phlegma in ihm vermindert und das Wasser nimmt überhand. Weiter schreibt sie:
> „Wenn Blut und Phlegma bei einem Menschen eintrocknen, geben sie ihre Verdauungsprodukte an die Blase ab und scheiden sie im Urin aus. Aber die Blase kann den Urin nicht ausreichend ‚auskochen‘, weil sie nicht die in Blut und Phlegma enthaltene Wärme hat." (*Causae et Curae*)

Deshalb könne sie ihn nur unverändert und nicht auf dem richtigen Weg – nämlich über die Blase – ausscheiden, sondern ließe ihn auf unnatürlichem Weg zwischen Haut und Fleisch gelangen.

Ihr Rezept gegen die Wassersucht – nämlich einen männlichen Pfau zu kochen und zu essen, außerdem Klauen, Herz und bestimmte Knochen zu pulverisieren und als Heilmittel zu verwenden – gehört aber wohl eher in das Reich von Mythos und Magie.

Realistischer ist ihr Hinweis, die Speisen reichlich mit Nelken zu würzen.

Was Sie sonst noch tun können:
- Entwässernde Tees wie z. B. Löwenzahntee sollten kurmäßig eingenommen werden.

Wunden

Siehe auch unter *Geschwüre*.

Offene Wunden können durch Schnitt, Schlag, Abschürfung usw. verursacht werden. Oft heilen sie sehr schlecht und sind überdies schmerzhaft.

Schafgarben-Kompresse

Hildegard von Bingen empfiehlt bei offenen Wunden die Schafgarbe, die für diese Fälle fast weltweit eines der bekanntesten Naturheilmittel ist. Ihr Rezept:

„Die Wunde in Wein waschen, dann frische, mäßig in Wasser gekochte und dann ausgedrückte Schafgarbe in einem Tuch über die Wunde geben. Sie nimmt der Wunde die Fäulnis und die Schwären [Geschwüre] und heilt sie. Dies so oft durchführen, wie es nötig ist. Wenn die Wunde beginnt, sich zusammenzuziehen und abzuheilen, kann die Schafgarbe direkt auf die Wunde gelegt werden – dadurch wird sie um so besser und vollkommener geheilt werden." (*Physica*)

Sanikel

Zur inneren Unterstützung des Heilungsprozesses empfiehlt Hildegard in ihrer *Physica* den Sanikel. Und zwar soll man im Sommer einige Tropfen des frisch ausgedrückten Saftes in etwas Wasser geben und dies nach dem Essen trinken. Im Winter gibt man etwas getrocknetes Sanikelpulver ins Wasser. Hildegard schreibt dem Sanikel die Kraft zu, daß er die Wunde von innen reinige und sie allmählich vollständig ausheile.

Was Sie sonst noch tun können:

- Ein Heilmittel, das Hildegard noch nicht kennen konnte, ist das australische Teebaumöl. Einige Tropfen, auf die Wunde geträufelt, schützen nicht nur vor einer Infektion, sondern beschleunigen auch den Heilungsprozeß.

Wurmerkrankungen

Eine Infektion mit Eingeweidewürmern entsteht meistens durch die Aufnahme der Wurmeier oder -larven mit rohen Nahrungsmitteln wie verseuchtem Gemüse und Salat und befallenem Fleisch und Fisch. Symptome eines Befalls können Gewichtsverlust, Müdigkeit, Fieber und Juckreiz sein.

Hildegard von Bingen meint, daß Würmer aus schlechten, körperschädlichen Säften entstehen. Dies komme besonders häufig bei Kindern vor, weil deren Säfte meistens noch ziemlich stark mit Milch vermischt seien. In einem sauren Milieu – wie man heute sagen würde – könnten Würmer sich gar nicht erst entwickeln.

Kirschenkernkur

Hildegard von Bingen empfiehlt als Wurmkur, Kirschkerne aufzuknacken, das weiche Innere in etwas Essig einzulegen und täglich einige dieser Kerne auf nüchternen Magen zu essen.

Was Sie sonst noch tun können:
- In der Volksmedizin ist die wurmtreibende Wirkung der Möhre von alters her bekannt. Bei Wurmbefall sollten deshalb reichlich Möhren gegessen werden.
- Eine ähnliche Wirkung kann Sauerkraut haben.
- Bei Wurmbefall ist auf peinliche Sauberkeit zu achten. Das bedeutet, daß nach jedem Toilettenbesuch die Hände mit Wasser und Seife gereinigt werden. Auch sollte die Unterwäsche täglich gewechselt werden.

Zahnschmerzen

Zahnschmerzen werden häufig – aber durchaus nicht immer – durch mangelnde Pflege verursacht. Wichtig ist auch und vor allem eine richtige Ernährung. Dazu werden ausführliche Hinweise in den Bänden *Ernährungslehre* und *Küche aus der Natur* gegeben.

Hildegard von Bingen gibt bereits eine Anleitung zur Zahnreinigung:

> „Wenn der Mensch seine Zähne durch Ausspülen mit Wasser nicht oft zwischendurch reinigt, bildet sich dadurch manchmal ein schleimiger Belag auf dem Zahnfleisch. Wenn dieser sich vermehrt, wird das Zahnfleisch krank."
> (*Causae et Curae*)

Bei eiterigen Fisteln im Zahnfleisch empfiehlt Hildegard, diese mit einer sterilisierten Nadel zu öffnen, damit der Eiter austreten kann. Danach sollte man den Mund gut mit einem desinfizierenden Mundwasser ausspülen. Diese Behandlung lindere den Druck auf den Zahnnerv und lasse die Entzündung schneller verheilen.

Hildegards Rezept gegen Zahnschmerzen
Zutaten:
Wermut und Eisenkraut (frisch oder getrocknet)
1 Glas trockener Weißwein

Zubereitung und Anwendung:
Die Kräuter in dem Wein kurz aufkochen lassen, dann abseihen. Den Wein vor dem Schlafengehen trinken, die noch warmen Kräuter in eine Mullkompresse geben und auf die schmerzende Stelle legen.
Hildegards Erklärung für die Wirksamkeit dieses Rezepts:

> „Der mit den Kräutern vermischte Wein reinigt, wenn man ihn trinkt, von innen die feinen Gefäße, die sich von der Hirnhaut bis zum Zahnfleisch hinziehen. Die auf den Kiefer aufgelegten Kräuter mildern die Zahnschmerzen von außen." (*Physica*)

Mundwasser mit Myrrhe und Aloe

(Eigentlich empfiehlt Hildegard eine Räucherung der Mund-
höhle mit diesen Kräutern – allerdings braucht man dafür ein
Feuer aus Buchenholz und ein irdenes Gefäß mit einem engen
Hals. Leichter anzuwenden und genauso wirksam ist das fol-
gende Mundwasser.)
Zutaten:
Myrrhe- und Aloetinktur (in der Apotheke erhältlich)

Anwendung:
Geben Sie je ein paar Tropfen ins warme Zahnputzwasser und
spülen Sie damit gründlich den Mund aus.

Was Sie sonst noch tun können:
- Bei akuten Zahnschmerzen eine Gewürznelke in oder neben
  den schmerzenden Zahn stecken. Die betäubende Wirkung
  lindert den Schmerz.

Hildegard von Bingen – Kurzbiographie

1098   Hildegard wird als zehntes Kind einer in Bermersheim (bei Alzey) ansässigen Adelsfamilie geboren.

1106   Schon als Kind wird sie einer Klausnerin zur Erziehung übergeben. Bereits zu dieser Zeit hat sie ihre ersten Visionen.

1136   Hildegard, inzwischen Benediktiner-Nonne, wird Äbtissin.

1141   Sie beginnt unter dem Eindruck einer großen Vision mit der Niederschrift eines ihrer Hauptwerke, *Scivias* (Wisse die Wege), in dem sie eine eigene Anthropologie und Theologie entwickelt.

1150   Hildegard gründet das Kloster Rupertsberg bei Bingen.

1151   Sie beginnt die Abfassung der großen naturwissenschaftlichen Schrift *Physica* und der Heilkunde *Causae et curae*.

1158/1161 Während dieser Zeit ist Hildegard viel auf Reisen, um öffentlich zu predigen.

1179   Hildegard stirbt in dem von ihr gegründeten Kloster Rupertsberg.

Register

Adam 42
Aderlaß 14, 58
Akelei 61
Akupunktur 98
Alant 71, 78
Alkohol 11, 18, 27, 76
Allergie 11, 54
Aloe 109, 121
Andorn 53, 86, 109
Apfel 87
Aronstab 33, 81
Augentrost 23
Autogenes Training 65, 69, 73, 88, 95

Bachbunge 51
Bärenfett 95
Bärentrauben 28, 29
Baldrian 104
Beifuß 82
Bertram 56, 78
Bier 49, 104
Birne 66, 102
Bockshornklee 57
Bohnen 30, 47, 57
Brennessel 19, 83, 92
Brennkegel 97
Brombeere 61
Brunnenkresse 113
Butter 63, 84, 86, 94

Dachs 36
Diäten 111
Diamant 19
Dill 89, 108
Dinkel 27, 80, 94
Diptam 58, 114
Dörrpflaumen 54, 116

Edelsteine 9, 19, 25, 38, 42, 45, 47, 69, 83, 90, 93, 94, 100
Eier 94, 101

Einhorn 9
Eisenkraut 44, 46, 87, 120
Engelsüß 71
Enzian 57
Erbsen 77
Essig 20, 28, 74

Fasten 86
Fenchel 19, 23, 25, 55, 75, 78, 85, 108, 114
Fieber 40, 44, 95
Fisch 102, 116
Flohsamen 33

Galgant 41, 56, 58, 77, 82, 99, 114
Geflügel 27
Gemüse 77
Gerste 85, 102
Getreide 85
Gewürznelken 68, 94, 121
Gold 98
Gundelrebe 96
Gymnastik 28, 36, 100, 114

Habichtskraut 114
Hafer 30, 85
Heckenrose 31
Hirschzunge 21, 31, 106
Honig 62, 66, 76, 94, 110
Huhn 102

Ingwer 82

Johanniskraut 35, 92

Käse 102
Kamille 23, 37, 63, 104
Karotin 26
Kastanien 35, 50, 76
Kerbel 20, 71, 89
Kirsche 119
Klee 57

Kneippkur 98
Königskerze 55, 58
Kräuter 92, 113
Krankheiten
 Alkoholismus 18
 Altersbeschwerden 19
 Appetitlosigkeit 20
 Asthma 21
 Atembeschwerden 21, 22
 Augenleiden 23
 Ausschlag 26
 Blasenleiden 27
 Blasensteine 29
 Blinddarmentzündung 105
 Blutdruckbeschwerden 29
 Bronchialasthma 21
 Bronchialkatarrh 77
 Bronchitis 31
 Depressionen 36, 43
 Durchfall 36
 Epilepsie 37
 Erbrechen 38
 Erkältungen 40
 Fieber 40, 44, 95
 Furunkel 45
 Gallenbeschwerden 42
 Gallensteine 43
 Geisteskrankheiten 43
 Gelbsucht 42, 44
 Geschwüre 45
 Gicht 48
 Grippe 52, 59
 Halsschmerzen 52
 Hämorrhoiden 53
 Hautleiden 26, 54, 70
 Heiserkeit 55
 Herzbeschwerden 29, 56
 Husten 59
 Infektion 40, 62
 Insektenstiche 62
 Karbunkel 45
 Kolik 63, 105
 Konzentrationsstörungen 64
 Kopfschmerzen 35, 65, 91, 95
 Krämpfe 70
 Krätze 70

 Kreislaufstörungen 72
 Läuse 73
 Leberbeschwerden 74
 Lungenleiden 77
 Magenbeschwerden 79
 Magerkeit 84
 Mandelentzündung 86
 Masern 52
 Migräne 87
 Milzbeschwerden 88
 Müdigkeit 91, 95
 Nasenbluten 92
 Nervosität 93
 Nierenleiden 95
 Ohrenbeschwerden 96
 Psychose 43
 Rheuma 97
 Rückenschmerzen 99
 Ruhr 101
 Scharlach 52
 Schizophrenie 43
 Schlafstörungen 24, 29, 102
 Schluckauf 104
 Schmerzen 105
 Schnupfen 107
 Schüttelfrost 109
 Übergewicht 110
 Verbrennungen 112
 Verdauungsstörungen 113
 Verstopfung 53, 115
 Wassersucht 117
 Wunden 118
 Würmer 119
 Zahnschmerzen 119
Kresse 113
Kümmel 39, 57
Kürbis 29
Kuhmilch 84

Lakritz 56, 113
Lavendel 76
Leinsamen 90, 112
Linsen 77
Löwe 69, 114
Löwenzahn 117
Lorbeer 110

Magic 38, 117
Magnesium 70
Majoran 66
Mandeln 35, 76
Marmelade 84
Maroni 89
Massage 60, 101
Maulwurf 38
Meditation 73, 88, 106
Medizin, arabische 7
Meisterwurz 41
Milben 70
Minze 115
Mispel 84
Möhren 111, 119
Mohn 103
Moxibustion 16
Musik 59
Muskat 30, 78, 94
Myrrhe 121

Nüsse 77

Obst 77
Öl 77
Olivenöl 68, 70, 87

Pelikan 69
Petersilie 72
Pfau 72, 117
Pfeffer 34, 56, 57
Pfefferminze 116
Pflaume 60

Quendel 71

Rauchen 36, 55
Rind 102
Ringelblume 83
Roggen 102

Säfte 12
Salat 64
Salbei 28, 66, 103
Sanikel 80, 118
Sauerkraut 119

Schaf 84
Schilddrüse 94
Schlehe 82
Schleim 59
Schleimhäute 45
Schlüsselblume 34
Schöllkraut 46
Schröpfen 15, 69, 76
Schwefel 71
Schweineschmalz 71
Schweiß 63
Seele 106
Sellerie 50, 92
Spinat 51
Streptokokken 86
Süßholz 56, 75, 81, 110, 113

Tanne 67
Teebaumöl 112

Urin 117

Veilchen 24, 32, 46, 68, 78
Volksmedizin 7

Wacholder 78
Wegerich 63
Weihrauch 67, 71, 109
Wein 11, 28, 49, 53, 55, 60, 75,
   76, 78, 79, 81, 85, 99, 104
Weinessig 89
Weinraute 95
Weizen 89, 100, 101
Wermut 50, 62, 91, 95, 120

Yoga 65, 73, 88, 95, 106
Ysop 75, 81

Zen 65, 95
Ziegenmilch 77, 84
Zimt 22, 75, 94
Zucker 105

In dieser Reihe sind erschienen:

GESUNDHEITSRATGEBER

Heidelore Kluge

Hildegard von Bingen

Ernährungslehre ◆ Dinkelkochbuch
Frauenheilkunde ◆ Mond und Sonne
Edelsteintherapie ◆ Gesundheitsfibel
Pflanzen- und Kräuterkunde
Heilendes Fasten ◆ Schönheitspflege
Küche aus der Natur

MOEWIG